先生は教えてくれない！

クレヨンしんちゃんの

「やる気」がどんどん出てくる方法

キャラクター原作
臼井儀人
まんが
高田ミレイ

双葉社

お父《とう》さん、お母《かあ》さんへ

お子《こ》さんといっしょに楽《たの》しんでください。

本書《ほんしょ》は、小学生《しょうがくせい》や小学校《しょうがっこう》に上《あ》がる前《まえ》の児童《じどう》を対象《たいしょう》に、子《こ》ども期《き》に身《み》に着《つ》けておきたい大切《たいせつ》な事柄《ことがら》を、クレヨンしんちゃんのまんがを通《とお》して学《まな》んでいくものです。学校《がっこう》の先生《せんせい》も教《おし》えてくれない、もちろん教科書《きょうかしょ》にも載《の》っていないことを、まんがを読《よ》むことで自然《しぜん》に習得《しゅうとく》することができます。

今回《こんかい》のテーマは「やる気《き》を出《だ》す方法《ほうほう》」。

学童期《がくどうき》に入《はい》ると、宿題《しゅくだい》などの勉強《べんきょう》、習《なら》い事《ごと》から、歯磨《はみが》き、着替《きが》えといった生活習慣《せいかつしゅうかん》にいたるまで、すべてが子《こ》どもたちの意思《いし》の力《ちから》、つまり「やる気《き》」にかかってきます。

イライラした親《おや》が先回《さきまわ》りすればするほど、子《こ》どもが「やる気《き》」を失《うしな》っていくことはすでにご存《ぞん》じでしょう。

「やる気《き》」は、本人《ほんにん》の行動《こうどう》についてきます。自分自身《じぶんじしん》で選《えら》び、決《き》めることが大切《たいせつ》です。自分《じぶん》の意志《いし》で最初《さいしょ》の一歩《いっぽ》を踏《ふ》み出《だ》してしまえば、大《おお》きな達成感《たっせいかん》や満足感《まんぞくかん》が得《え》られ、おもしろいようにどんどん「やる気《き》」は出《で》てきます。

そのためには、日常生活《にちじょうせいかつ》の中《なか》の〝ちょっとしたコツ〟を知《し》ることがとても有効《ゆうこう》。ほんのささいなきっかけで、子《こ》どもは見違《みちが》えるように意欲的《いよくてき》になるのです。

この本《ほん》には、子《こ》どもたち自身《じしん》が「やってみよう」と思《おも》えるようになるためのきっかけ作《づく》りや、一歩《いっぽ》を踏《ふ》み出《だ》すためのヒントをたくさん盛《も》り込《こ》みました。

ぜひ親子《おやこ》でご一緒《いっしょ》に楽《たの》しんでください。

子《こ》どもたちの「やる気《き》」が出《で》てくるのを実感《じっかん》できるはずです。

紹介《しょうかい》

野原一家《のはらいっか》

野原《のはら》 しんのすけ

「クレヨンしんちゃん」の主人公《しゅじんこう》。マイペースでこわいもの知《し》らずの5歳児《さいじ》。家族《かぞく》といっしょに埼《さい》玉県《たまけん》春日部市《かすかべし》に暮《く》らしている。

野原《のはら》 ひろし

しんのすけのパパ。双葉商事《ふたばしょうじ》に勤務《きんむ》するサラリーマン。家族《かぞく》のためにいつも一《いっ》生懸命《しょうけんめい》な野原家《のはらけ》の大黒柱《だいこくばしら》。

野原《のはら》 みさえ

しんのすけのママ。しんのすけとひまわりに振《ふ》り回《まわ》されながらも、持《も》ち前《まえ》のガッツで子育《こそだ》てと家事《かじ》をがんばるお母《かあ》さん。

野原《のはら》 ひまわり

しんのすけの妹《いもうと》。まだおしゃべりはできないけど、赤《あか》ちゃん言葉《ことば》でせいいっぱい自己主張《じこしゅちょう》する。

シロ

野原家《のはらけ》の愛犬《あいけん》。綿菓子《わたがし》のように丸《まる》くなる「わたあめ」など芸《げい》もいろいろできる、とてもかしこい犬《いぬ》。

キャラクター

しんちゃんのお友《とも》だちと先生《せんせい》

しんちゃんと同《おな》じアクション幼稚園《ようちえん》ひまわり組《ぐみ》に通《かよ》うお友《とも》だちと先生《せんせい》たち。

マサオくん

小心者《しょうしんもの》で、ちょっぴり泣《な》き虫《むし》。まんが家《か》になる夢《ゆめ》を持《も》ち続《つづ》けるという努力家《どりょくか》の一面《いちめん》も。お片《かた》づけが得意《とくい》。

ネネちゃん

うわさ話《ばなし》とおままごと遊《あそ》びが大好《だいす》きな女《おんな》の子《こ》。でも本当《ほんとう》は正義感《せいぎかん》が強《つよ》く、度胸《どきょう》もある親分《おやぶん》タイプ。

風間《かざま》くん

頼《たよ》りになる優等生《ゆうとうせい》タイプだけど、じつは甘《あま》えっ子《こ》でママが大好《だいす》き。隠《かく》しているけど、少女《しょうじょ》アニメのファン。

園長《えんちょう》先生《せんせい》

アクション幼《よう》稚園《ちえん》の園長《えんちょう》。「組長《くみちょう》」と呼《よ》ばれることも。こわい顔《かお》が悩《なや》み。

よしなが先生《せんせい》

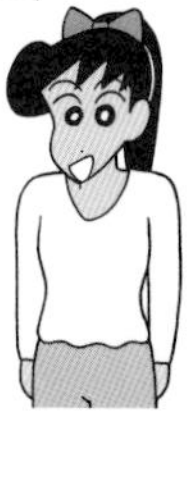

やさしくて、ときどききびしい。しんちゃんたち、ひまわり組担任《ぐみたんにん》の先生《せんせい》。

ボーちゃん

口数《くちかず》は少《すく》ないけど、たまに深《ふか》いひと言《こと》をつぶやく存在感《そんざいかん》のあるお友《とも》だち。珍《めずら》しい石《いし》を集《あつ》めるのが趣味《しゅみ》。

もくじ

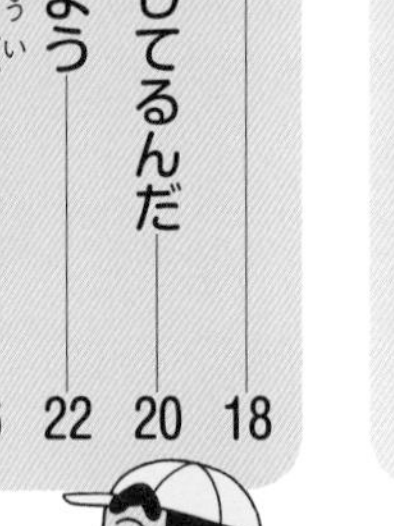

集中力《しゅうちゅうりょく》をつけよう

自然《しぜん》の力《ちから》を味方《みかた》にしよう

やる気《き》を持続《じぞく》させよう

やる気《き》って何《なん》だろう？

1 やる気《き》は「ワクワク」する気《き》持《も》ち 自分《じぶん》から「〇〇したい！」と思《おも》うこと

きみの「やる気《き》」は、どんなときに出《で》てくる？　ゲームで遊《あそ》ぶときかな。「やってみたい！」とワクワクすること、「もっとやりたい！」と試《ため》してみたくなること、それがやる気《き》なんだ。

野球《やきゅう》の練習《れんしゅう》は、出《で》かける支度《したく》が面倒《めんどう》。でも、仲間《なかま》とキャッチボールを始《はじ》めたら楽《たの》しくなるし、試合《しあい》を始《はじ》めたらやる気《き》がみなぎってくるよね。

面倒《めんどう》で難《むずか》しそうなことでも、やってみれば、だんだんおもしろくなってもっとやりたくなる。やる気《き》が出《で》てくるってこと！

少《すこ》しでもワクワクする気《き》持《も》ちを持《も》てば、スポーツに、勉強《べんきょう》にだって、やる気《き》を出《だ》せるんだ。

ゲーム以外《いがい》にも、やる気《き》の出《で》るもの、きみがワクワクする物《もの》を増《ふ》やそう。

この本《ほん》ではきみのワクワクする気持《きも》ちの作《つく》り方《かた》をどしどし紹介《しょうかい》していくよ。

「やる気《き》」のきっかけ

さぁはりきって お庭《にわ》の草《くさ》むしり するよ!
うへ~い
うっしゃあああっ
ブチ ブチ
おおっ 母《かあ》ちゃん すごい!!
ほ
ほ
ささっ
ほ
ペタ ペタ
スタ スタ
大《おお》きくなれよ
ちょろろろ…
植《う》えるほう にやる気《き》 出《だ》すな!!
←つづく
↙つづき
パチン
ぷぃ~~ん
あっ 刺《さ》された!!
かゆい~!!
ボリ ボリ
ほ~ら! 蚊《か》が わいてる
草《くさ》むらは 蚊《か》のすみか なのよ
お!? てことは……
蚊《か》め~!! すめなく してやるゾー!!
うおおおお
ブチ ブチ
ブチ ブチ
やっと やる気《き》 出《で》たわね

2 「ムリ！」と言《い》わない 自分《じぶん》で自分《じぶん》の限界《げんかい》を決《き》めない

「ムリ」と言《い》うのはやめようよ。

速《はや》く走《はし》るのはムリ。100点《てん》なんてムリムリ……。ほんとかな？

できないから最初《さいしょ》からやらない、は損《そん》。自分《じぶん》でできないと思《おも》ってしまったら絶対《ぜったい》にできない。「ムリ」なんて思《おも》い込《こ》み。とりはずしてしまおう。

自分《じぶん》の限界《げんかい》を決《き》めるのは自分《じぶん》じゃない。

全力《ぜんりょく》で走《はし》ったら、3位《い》には入《はい》れるかもしれない。100点《てん》はとれないけど、全《ぜん》部《ぶ》書《か》いたら80点《てん》はとれるかも。

「ムリ」と言《い》わずに、できる範囲《はんい》でやってみよう。「ここまでできた！」と自己最高点《じこさいこうてん》をたたき出《だ》そう。

それが次《つぎ》のやる気《き》につながるんだ。やってみないと、今《いま》、自分《じぶん》が持《も》っている能力《のうりょく》に気《き》づくことができないよ。

どこまでできるか、とりあえずやってみよう！

「ムリ」って言《い》わないで

バタバタバタ…
マサオくんお顔《かお》水《みず》につけたらもっと進《すす》むよ
ムリムリムリムリ息《いき》できなくて死《し》んじゃうよ
大《おお》げさねぇだいじょうぶよ～
ねぇマサオくん
？
に～らめっこしましょアップッ…
プ！
……
つづく
つづき
しばらく息《いき》止《と》めてたのに死《し》んでないゾ
あっ……
で…でも水《みず》に顔《かお》つけるのこわいよ
マサオくん顔洗《かおあら》ったことないの？
あるよ!! 毎日《まいにち》洗《あら》ってるよ!!
じゃお水《みず》に顔《かお》つけられるゾ
あっ…確《たし》かに…
バタバタバタ…
そうそう！ほらできた!!
おおっ

3

やる気《き》は待《ま》っていても出《で》てこない 自分《じぶん》で「やる！」と決《き》めて行動《こうどう》しよう

やる気《き》ってどうしたら出《で》るんだろう？

やる気《き》は、待《ま》っていても出《で》ない。誰《だれ》かに出《だ》してもらうものじゃない。

やる気《き》を出《だ》すには、自分《じぶん》で「やる！」と決《き》めて動《うご》き始《はじ》めるしかないんだ。

毎日《まいにち》きみはおふろに入《はい》る。歯磨《はみが》きをする。これも自分《じぶん》でやると決《き》めて自分《じぶん》の体《からだ》を動《うご》かしているんだ。

自分《じぶん》が毎日《まいにち》やってきて習慣《しゅうかん》になっている。しかも、お風呂《ふろ》に入《はい》ってしまえばとても気持《きも》ちいいことを知《し》っている。だから、面倒《めんどう》なことでも、すぐに体《からだ》を動《うご》かせるんだ。

お風呂《ふろ》に入《はい》ることができたら、歯磨《はみが》きだってできる。「やる気《き》」は、どんどん連鎖《れんさ》するんだ。

何《なん》でもいいから、まずひとつ、自分《じぶん》で「やる！」と決《き》めて行動《こうどう》してみよう。次《つぎ》の「やる気《き》」も自然《しぜん》に出《で》てくるよ。

習慣《しゅうかん》にしちゃえ

ふーっ重《おも》～い！
ちょっと買《か》いすぎちゃった
あ
ちょうどよかった！持《も》つの手伝《てつだ》って
ばったり
お
ピュ～ッ
そうだ急用《きゅうよう》思《おも》い出《だ》した！
わざとらしいわね～!!
オラやっぱ持《も》つ！
？
あ！こんにちはー
あら！ななこちゃん
しんちゃんお手伝《てつだ》い？ えらーい
いえとうぜんのことですから
こーゆーことか…
お買《か》い物《もの》？
ジャージを買《か》って来《き》たんです！これから毎朝《まいあさ》走《はし》ろうと思《おも》って
オラもごいっしょしようかな
いいよいっしょに走《はし》ろうか
えっ本当《ほんとう》に!?

つづく→

じゃ明日《あした》！馬《うま》の尻公園《しりこうえん》に6時半《じはん》ね～！
ハーイ
本当《ほんとう》に起《お》きられるの？
その夜《よる》
しんのすけお風呂《ふろ》入《はい》んなさい！
え～っ!? 昨日《きのう》入《はい》ったのに～？
お風呂《ふろ》は毎日《まいにち》入《はい》るもんよ!!
明日《あした》お姉《ねえ》さんに「しんちゃん臭《くさ》い」って思《おも》われるわよ
ギク
えっ
そっそんなことないもん!!
ぱっ
さっお風呂《ふろ》入《はい》ろっと！
ヨ～メに～おいでよォ～♪
ガッシュ
ガッシュ
プッ
寝《ね》る前《まえ》に歯磨《はみが》き！
き…昨日《きのう》磨《みが》いたから……
お姉《ねえ》さんに「お口臭《くちくさ》～い」って思《おも》われるわよ？
シャコ
シャコ
シャコ
ななこちゃんの力《ちから》すごいわね～
次《つぎ》の日《ひ》
ジリリリリリリ…
むくり
あらほんとに起《お》きた！
母《かあ》ちゃん…オラほんとは宇宙人《うちゅうじん》だったんだね
それは夢《ゆめ》よ！しっかりしなさい!!

しんちゃんおはよう！本当《ほんとう》に来《き》たのね！
馬《うま》の尻公園《しりこうえん》
おはよーございますぅ♡
しあわせ～♡
ほっ
ほっ
ほっ
ほっ
ほっ
すごい……!!あれから毎日《まいにち》入浴《にゅうよく》してる!!
ななこちゃんずっと朝《あさ》のジョギング続《つづ》けてくれないかな～
1カ月後《げつご》
ごめんねしんちゃん明日《あした》から友《とも》だちと夕方大学周辺《ゆうがただいがくしゅうへん》を走《はし》ることになったの
ガーン
しょぼ～ん
あらそう…残念《ざんねん》ねぇ…
本当《ほんとう》に残念《ざんねん》……
しかしその夜《よる》…
ガッシュ
ガッシュ
お…お風呂《ふろ》に入《はい》ってる!!
シャコシャコ
はっ歯磨《はみが》きまで…!!
習慣《しゅうかん》になってるぅ～!!
じ～ん
成長《せいちょう》したわねぇ
何《なに》が～?
ううん何《なん》でもない

4 机《つくえ》を片《かた》づけよう 視界《しかい》に入《はい》る物《もの》を減《へ》らそう

どうにも勉強《べんきょう》する気《き》にならないときは、机《つくえ》を片《かた》づけてみよう！

机《つくえ》が乱雑《らんざつ》で目《め》の前《まえ》が散《ち》らかっているのでは、勉強《べんきょう》する気《き》になれないよ。

人《ひと》の脳《のう》はいつも、危険《きけん》を避《さ》けるために、無意識《むいしき》であちこちに注意《ちゅうい》を払《はら》っている。だから、視界《しかい》に入《はい》ってくる物《もの》が多《おお》すぎると、気《き》が散《ち》って集中《しゅうちゅう》できなくなるんだ。

もちろん、ものすごい集中力《しゅうちゅうりょく》のある人《ひと》は、周《まわ》りがどうだろうと集中《しゅうちゅう》できる。でも、ほとんどのそうじゃない人《ひと》は、まず、目《め》に入《はい》ってくる物《もの》を思《おも》いっきり減《へ》らしてみよう。

ごちゃごちゃした物《もの》を引《ひ》き出《だ》しにしまって机《つくえ》の上《うえ》をきれいに片《かた》づける。どうしても目《め》が行《い》ってしまうゲーム機《き》やスマホ、まんがは別《べつ》の部屋《へや》に。

それだけで頭《あたま》がすっきりとして、やる気《き》が出《で》てくるよ。

気《き》が散《ち》る物《もの》はしまおう

よーし!! お風呂《ふろ》の前《まえ》に塾《じゅく》の宿題《しゅくだい》終《お》わらせるぞ!!
「次《つぎ》の文《ぶん》を英語《えいご》に直《なお》しましょう」……
「私《わたし》はりんごをひとつ持《も》っています」……
そうだ! 前《まえ》にユーチューブで見《み》たぞ
I《アイ》 have《ハブ》 a pen《アペン》～♪
I《アイ》 have《ハブ》 an《アン》 apple《アポー》～♪
本物《ほんもの》はどんなのだっけ……?
↖つづく

↙つづき
そうそう!! これだ!!
やっぱおもしろーい!!
へ～! この芸人《げいにん》さん他《ほか》の動画《どうが》もあるんだ
……
ゲラ ゲラ ゲラ ゲラ ゲラ
トオルちゃんお風呂入《ふろはい》りなさーい!
ハッ
宿題《しゅくだい》は終《お》わりませんでした

5 「ながら」をやめよう じつは一番《いちばん》時間《じかん》をムダにしてるんだ

宿題《しゅくだい》をしながらテレビを観《み》たり、ご飯《はん》を食《た》べながらスマホを観《み》たりする「ながら」。やってないよね？

「ながら」は絶対《ぜったい》にやめよう。時間《じかん》の節約《せつやく》にはならないよ！

人間《にんげん》の脳《のう》は、一度《いちど》に二《ふた》つ以上《いじょう》のことをこなせるようにはできていない。

「ながら」はまちがいが多《おお》くなるし、作業《さぎょう》のスピードも落《お》ちる。イライラして記憶力《きおくりょく》も落《お》ちる。つまり多《おお》くの時間《じかん》をムダにしてしまうんだ。

しかも、「ながら」はくせになる。いつも「ながら」でないと気《き》がすまなくなる。そうすると、だんだん物事《ものごと》に集中《しゅうちゅう》する力《ちから》が落《お》ちてしまうんだ。

ゲームをするときはゲームだけをするよね。それと同《おな》じだよ。宿題《しゅくだい》をするときは宿題《しゅくだい》だけに、ご飯《はん》を食《た》べるときはご飯《はん》だけに、いつもひとつのことに集中《しゅうちゅう》しよう。

ひとつひとつこなそう

朝《あさ》
今日《きょう》こそバスに乗《の》るわよ!!
さっさと着《き》がえて朝《あさ》ごはん食《た》べて!!
ほ〜い
バス来《く》るよ! 行《い》ける?
行《い》ける!
何《なに》!? シャツ!? その汚《きたな》い
着《き》がえながらごはん食《た》べたの
着《き》がえ直《なお》し!!
ばばっ
あーもー!! 仕事《しごと》が増《ふ》える
今日《きょう》もバスには間《ま》に合《あ》いませんでした

勉強《べんきょう》のじゃま

よーし! 試験勉強《しけんべんきょう》がんばるぞ〜!!
声優《せいゆう》さんのラジオ聞《き》いて気分《きぶん》を盛《も》り上《あ》げよっと♪
ポチッ
みんな元気《げんき》にしてた〜? 毎日毎日暑《まいにちまいにちあつ》いよねー…
「次《つぎ》の英文《えいぶん》を訳《やく》しなさい」
え〜と……
逆効果《ぎゃくこうか》
もう!! ちょっと黙《だま》ってて!!
プツッ

6

「夢《ゆめ》」は大《おお》きく！目《め》の前《まえ》の「目標《もくひょう》」は低《ひく》く設定《せってい》しよう

甲子園《こうしえん》へ行《い》くぞ！　ベストセラー作《さっ》家《か》になる！　きみの夢《ゆめ》は何《なに》かな。

夢《ゆめ》は大事《だいじ》。大《おお》きな夢《ゆめ》はやる気《き》のもと。夢《ゆめ》をかなえるためには、夢《ゆめ》に向《む》かって行動《こうどう》を起《お》こさなければならないよね。今日《きょう》から行動《こうどう》を起《お》こそう。そのために、小《ちい》さな目標《もくひょう》を設定《せってい》しよう。

自分《じぶん》の大《おお》きな夢《ゆめ》をかなえるために、今《いま》、何《なに》ができる？　大《おお》きな夢《ゆめ》に向《む》かうステップとなる、小《ちい》さな目標《もくひょう》、低《ひく》い目《もく》標《ひょう》を立《た》ててみよう。

今《いま》できていることより、ほんの少《すこ》しがんばればできる程度《ていど》、でいい。

夢《ゆめ》が甲子園《こうしえん》なら、毎日《まいにち》3分《ぷん》だけ素振《すぶ》りの練習《れんしゅう》。大人気《だいにんき》小説家《しょうせつか》になりたいなら、原稿用紙《げんこうようし》1枚《まい》でお話《はなし》を書《か》いてみる。

小《ちい》さな目標《もくひょう》を達成《たっせい》すると、夢《ゆめ》に一歩《いっぽ》近《ちか》づく。「やる気《き》」がさらに育《そだ》つ。

きみの夢《ゆめ》に向《む》けた「小《ちい》さな目標《もくひょう》」を立《た》てて、すぐ実行《じっこう》してみよう。

まんが家《か》になるには

う〜む全然《ぜんぜん》ネタが出《で》ん……
「少年忍者吹雪丸《しょうねんにんじゃふぶきまる》」の原作者《げんさくしゃ》・まんが家《か》
よしいうすと (37)
ピンポーン
ん？
カメラつきインターホン
わっ何《なん》だ!?
誰《だれ》かいるー？
ボクどこの子《こ》？イタズラはダメだよ
よしい
ボクらよしいうすと先生《せんせい》の大《だい》ファンなんです！
オラはそうでもないけど
あのー先生《せんせい》ですか？
居《い》留《る》守《す》使《つか》お
いいえボクはアシスタントです先生《せんせい》は留守《るす》です
え〜なんだ〜!!
残念《ざんねん》だったねまた来《こ》よ
よしい
ただいまー！
おかえりー
ファンの子《こ》たち来《き》てたよ先生《せんせい》！
わあ!?
え？この人《ひと》先生《せんせい》なの？
留守《るす》じゃないの？
ハハハそれはほんの冗談《じょうだん》だったのだ!!

←つづく

なあに？ サインほしいの？
それもあるけど
ボクたちふたりでまんが描《か》いたので見《み》てください
いつか先生《せんせい》のような大《だい》ヒット長編作《ちょうへんさく》を描《か》きたいんです！
あのねぇ…
そういうのは出版社《しゅっぱんしゃ》に投稿《とうこう》か持《も》ち込《こ》みした方《ほう》がいいよ
作品《さくひん》を見《み》る目《め》に自信《じしん》がないんだな
うん
わかったよ!! 見《み》てあげるから！
貸《か》してごらん
ハイ！
マサオまるとぶりぶりざえもん
どれどれ…
む
お
むかしむかしマサオまるとぶりぶりざえもんがあとたそうな
たたかとどっちもしんだそうなめたしめたし
ガクッ
破壊力満点《はかいりょくまんてん》の作品《さくひん》だね……
おおっ!! やった！
いや…ほめてるわけじゃなくて
何《なに》から話《はな》すか…えーと
まず原稿用紙《げんこうようし》の裏表《うらおもて》に描《か》いちゃダメだな
ホチキスでとめるのもアウト!!

あと鉛筆《えんぴつ》書《が》きじゃなくペンで清書《せいしょ》しなきゃ! 色《いろ》はまだ塗《ぬ》らなくていいし あとこれじゃ絵本《えほん》だよ! ナレーションに頼《たよ》らず細《こま》かくキャラの動作《どうさ》を描《か》かないと……
コクリ コクリ
←ねむくなってる
……?
そもそも話《はなし》が短《みじか》すぎだし……四《よん》コマまんがより短《みじか》いじゃん!
マサオまるとぶりぶりざえもん
ん?
マサオまるとぶりぶりざえもん
先生《せんせい》がこわい顔《かお》してる……そんなにダメなんだぁ～!!
ボロ ボロ
げっ!! しまった……!!
まぁまぁ…!! 初《はじ》めはみんなこんなもんさ
えっぐ えっぐ
まずはどんなに短《みじか》くても一本《いっぽん》仕上《しあ》げる事《こと》が大事《だいじ》なんだよ
そ…そうだ!!
この本《ほん》をあげよう! これで勉強《べんきょう》しなさい
まんがのかきかた
えっ!? いいんですか!?
ああいいよ! 持《も》って行《い》きな
そしてもう来《こ》ないでね
ありがとうございましたー!!
また描《か》いたら次《つぎ》は出版社《しゅっぱんしゃ》に行《い》きなね～
疲《つか》れた～ でもおれいいファンサービスしたな～
1カ月後《げつご》
先生《せんせい》ー! 出版社《しゅっぱんしゃ》に連《つ》れてってください!!
なぜおれにばっか頼《たよ》るのだ……!?

7 聞《き》くだけで気分《きぶん》が盛《も》り上《あ》がる自分《じぶん》のテーマ曲《きょく》を用意《ようい》しておこう

野球《やきゅう》の田中将大《たなかまさひろ》選手《せんしゅ》が登場《とうじょう》してくるときには、ももいろクローバーZ《ゼット》の曲《きょく》が流《なが》れる。こういう曲《きょく》を、「登場曲《とうじょうきょく》」と言《い》うんだ。

登場曲《とうじょうきょく》が流《なが》れると、ファンは一気《いっき》に沸《わ》く。選手自身《せんしゅじしん》もやる気《き》がみなぎってきて、場内《じょうない》が最高《さいこう》に盛《も》り上《あ》がる。

音楽《おんがく》の力《ちから》ってすごい。

きみも自分《じぶん》の登場曲《とうじょうきょく》を作《つく》っておこう。気持《きも》ちがふさいでいるときにも、自《じ》分《ぶん》のお気《き》に入《い》りの元気《げんき》な音楽《おんがく》が頭《あたま》の中《なか》に流《なが》れると、一気《いっき》にテンションを上《あ》げることができたりする。

さあ試合《しあい》だ。さあ勉強《べんきょう》するぞ。さあ起《お》きるぞ。さあそうじするぞ。そんなとき、自分《じぶん》の登場曲《とうじょうきょく》を元気《げんき》に歌《うた》ってみよう。歌《うた》に合《あ》わせて、やる気《き》がもりもり出《で》てくるはず。

お気《き》に入《い》りの曲《きょく》は、きみの頼《たの》もしい応援団《おうえんだん》になってくれるよ！

めざまし曲《きょく》

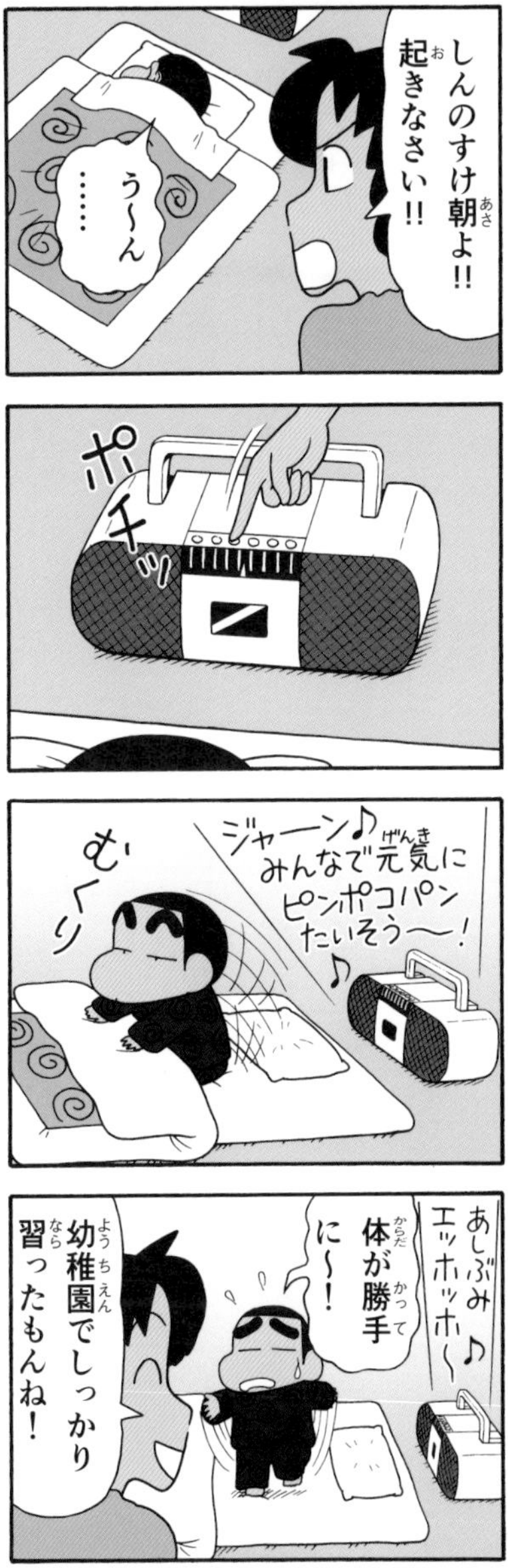
しんのすけ朝《あさ》よ!!
起《お》きなさい!!
う～ん……
ポチッ
ジャーン♪ みんなで元気《げんき》に ピンポコパン たいそう～～! ♪
むくり
あしぶみ エッホッホ～♪
体《からだ》が勝手《かって》に～～!
幼稚園《ようちえん》でしっかり習《なら》ったもんね!

テーマ曲《きょく》みつけた

今日《きょう》はお片《かた》づけするって約束《やくそく》でしょ!!
おもちゃ ばこ
やる気《き》出《で》な～い!!
そういうときは音楽《おんがく》の力《ちから》で……
ジャジャーン♪ カンタムロボー!! ♪
お!?
カンタム!?
どう? 出《で》てこない? やる気《き》
いくぞ～カンタム はっしんだー!! ♪
出《で》たー
シロのお散歩《さんぽ》行《い》ってきまーす!!
そっちのやる気《き》!?

8 ごほうびなんてなくてもやる気《き》は出《で》る！

「おこづかいをもらわないとやる気《き》が出《で》ない」なんて言《い》っている人《ひと》は誰《だれ》？

ごほうびに頼《たよ》ってやる気《き》を出《だ》すのはあまりいい考《かんが》えじゃない。

思《おも》い出《だ》してみて。皿洗《さらあら》いの手伝《てつだ》いをしたとき、片付《かたづ》いて気持《きも》ちよかったよね。難《むずか》しい算数《さんすう》の問題《もんだい》が解《と》けたとき、やった！という最高《さいこう》の気分《きぶん》だった。

人《ひと》って、自分《じぶん》がやりとげたとき、成《せい》長《ちょう》したとわかった瞬間《しゅんかん》ほどうれしいことはないんだ。誰《だれ》かが喜《よろこ》んでくれたらそれもうれしい。

いつもごほうびを前提《ぜんてい》にやる気《き》を出《だ》していると、本当《ほんとう》のうれしさを味《あじ》わえなくなるよ。

それより、「皿洗《さらあら》いが終《お》わったら、テレビをゆっくり観《み》よう」とか、「算《さん》数《すう》の宿題《しゅくだい》が終《お》わったらラインでおしゃべりしよう」とか、自分《じぶん》で小《ちい》さな楽《たの》しみを用意《ようい》しておこう。

宝《たから》さがし？

いいかげん片《かた》づけなさい!! 本《ほん》は本箱《ほんばこ》へ!!
片《かた》づけたら何《なに》くれる？
ごほうびなんか期待《きたい》しないの!!
へ～い
しぶしぶ…
おおやった!! 見《み》つけたー!!
ん？
高級《こうきゅう》チョコのごほうび～!!
あっ！ それは…
隠《かく》しといたのに!!

達成感《たっせいかん》

お片《かた》づけ終《お》わりーっ!!
えらい!! よくやりとげた！
気持《きも》ちいいでしょ？ その「達成感《たっせいかん》」こそが片《かた》づけのごほうびよ
ほうほう
2時間後《じかんご》
さてドラマ観《み》ながらティータイムっと♪
ダメ!! もっとごほうび味《あじ》わうの!!
え～!? 後《あと》で片《かた》づけるから～!!

9 三日坊主《みっかぼうず》はあたりまえ あの手《て》この手《て》で飽《あ》きないようにしよう

飽《あ》きてしまって続《つづ》かないのはきみがなまけものだからじゃない。

脳《のう》の仕《し》組《く》みのせい。人《ひと》の脳《のう》は、同《おな》じことをやっていると飽《あ》きてしまうようにできているんだ。

長時間《ちょうじかん》の勉強《べんきょう》なんか、飽《あ》きるのは当《とう》然《ぜん》だよ。漢字《かんじ》3文字《もじ》やったら次《つぎ》は算数《さんすう》3問《もん》というように、短《みじか》い時間《じかん》に区切《くぎ》って、どんどん別《べつ》の勉強《べんきょう》をしてみよう。

飽《あ》きる前《まえ》に、キリの悪《わる》いところでおしまいにするのもコツ。ドリルはサッカークラブの前《まえ》に少《すこ》しやると決《き》めて、時間《じかん》が来《き》たら終《お》わらなくても途中《とちゅう》でやめる。次《つぎ》に机《つくえ》に座《すわ》るとき、さっと続《つづ》きにとりかかれる。

日記《にっき》も素振《すぶ》りも、4日目《かめ》に休《やす》んでしまったら、5日目《かめ》に続《つづ》きをやろう！

飽《あ》きるのはあたりまえ。そう思《おも》えばこわくない。あの手《て》この手《て》を使《つか》って飽《あ》きないように工夫《くふう》しよう。

あの手《て》この手《て》で工夫《くふう》しよう

ボク今日《きょう》から日記《にっき》つける！
へぇ いいじゃない
にっき
2日目《かめ》
きょう ようちえんで ぞうきんを ぬいました……
3日目《かめ》
きょう こうえんで ノラネコを さわりました……
4日目《かめ》
にっき
三日坊主《みっかぼうず》だね マサオ
え？ ボク ずっと 坊主《ぼうず》だよ？
……3日《か》で飽《あ》きるって意味《いみ》よ
つづく
つづき
コレクションなら続《つづ》くんだけどなぁ…… 日記《にっき》って大変《たいへん》だね
ほどよく不《ふ》まじめにやるのがコツよ
マジメね～
書《か》くことない日《ひ》は絵《え》でも描《か》けば？
それでも いいの？ なら描《か》ける！
30日目《にちめ》
今日《きょう》はおやつがおいしかったから……
包装紙《ほうそうし》貼《は》っちゃお！
2カ月後《げつご》
もう1冊《さつ》うまったの!? すごいね
楽勝《らくしょう》だよ！
にっき

10 まず、机《つくえ》に座《すわ》る習慣《しゅうかん》をつけよう とにかく5分《ふん》だけ書《か》いてみよう

どうしても勉強《べんきょう》が苦手《にがて》。それなら、5分間《ふんかん》机《つくえ》に座《すわ》ることから始《はじ》めよう。毎日同《まいにちおな》じ時間《じかん》に5分間《ふんかん》、決《き》まった場《ば》所《しょ》に座《すわ》ろう。机《つくえ》でも、リビングのテーブルでもいい。

5分間《ふんかん》は絶対《ぜったい》にゲームやスマホを近《ちか》くに置《お》かない。テレビもつけない。

座《すわ》ることに慣《な》れたら、5分間集中《ふんかんしゅうちゅう》する練習《れんしゅう》をしよう。

えんぴつを持《も》って、宿題《しゅくだい》を1問《もん》やろう。宿題《しゅくだい》がないなら、今日習《きょうなら》った漢字《かんじ》1文字《もじ》だけ書《か》いてみよう。

5分間《ふんかん》の家庭学習《かていがくしゅう》ができないのに、いきなり30分勉強《ぷんべんきょう》なんてできるわけない。でも、30分《ぷん》ぼんやりしているより、5分集中《ふんしゅうちゅう》するほうがたくさんのことができるんだ。

宿題《しゅくだい》があってもなくても、机《つくえ》に座《すわ》って読《よ》み書《か》きに集中《しゅうちゅう》する習慣《しゅうかん》をつけよう。

5分間《ふんかん》から始《はじ》めよう。

えんぴつしんちゃん～もしもしんのすけが小学生《しょうがくせい》だったら～

まずは5分《ふん》

ただいマットは桑田《くわた》の息子《むすこ》～～!
行《い》ってきま……
だだだだだ
ガッ
宿題《しゅくだい》してから!!
つづく
マサオくんと待《ま》ち合《あ》わせしてるのに～!!
じゃあ5分《ふん》でいいから
つづき
む～……
おっ!!
5分《ふん》たった!!
いってきますのすし～
あっ
ダッ
あのね
のはらしんのすけ
きょうはほうかごマサ
オくんといっしょにこう
えんで
まいっか……この先《さき》はまだ書《か》けないしね

計画《けいかく》も目標《もくひょう》も 必《かなら》ず「自分《じぶん》で」立《た》てること

「宿題《しゅくだい》いつやるの？」とお母《かあ》さんに言《い》われると、やる気《き》があってもしぼんでしまうものだよね。

それは当然《とうぜん》。人《ひと》は、自分《じぶん》のことは自《じ》分《ぶん》で決《き》めて、自分《じぶん》で始《はじ》めたいんだ。

目標《もくひょう》は、必《かなら》ず自分《じぶん》で立《た》てよう。目標《もくひょう》を立《た》てたら、家族《かぞく》に言《い》われる前《まえ》に、それを宣言《せんげん》してみよう。

「今日《きょう》は○時《じ》まではゲームの時間《じかん》。○時《じ》から宿題《しゅくだい》する予定《よてい》です！」

と、かっこよく言《い》ってみよう。

目標《もくひょう》や計画《けいかく》は紙《かみ》に書《か》けたら最高《さいこう》だけど、最初《さいしょ》はこんなふうに家族《かぞく》に宣言《せんげん》するだけでもいい。

そして、さっそうと実行《じっこう》してみよう。家族《かぞく》はびっくりするし、きみのことを信頼《しんらい》してくれるようになるよ。でも、一番《いちばん》ハッピーなのは、きみ自身《じしん》。自分《じぶん》で立《た》てた目標《もくひょう》を、計画通《けいかくどお》り実行《じっこう》するって、すごく気持《きも》ちいいんだ。

マサオの予定表《よていひょう》

夏休《なつやす》み中《ちゅう》の生活《せいかつ》の時間《じかん》割《わ》り書《か》けた!!
1にちの よていひょう
すいみん
自分《じぶん》で考《かんが》えたの? えらいねえ!
読書《どくしょ》の時間《じかん》
昼寝《ひるね》の時間《じかん》
少年忍者 吹雪丸
ウエ〜ン! しくしくしく…
どうしたのマサオ!? お腹痛《なかいた》いの?
コンコン
コン
ウンチの時間《じかん》なのに何《なに》も出《で》なぁ〜い!!
予定《よてい》が細《こま》かすぎだよ!

しんのすけの予定表《よていひょう》

ピンポーン
マーサーオくーん
しんちゃんだ! どうしよう… コレクションの整理《せいり》 今日中《きょうじゅう》にしたいのに
ゴメンしんちゃん 今日《きょう》は予定《よてい》がいっぱいなんだ…
おおっ
気《き》が合《あ》いますなぁ
オラも予定《よてい》いっぱいでいそがしいゾ
えっ しんちゃんが?
ごそごそ
今日《きょう》の予定《よてい》「ごご2じ〜5じまでマサオくんちでくつろぐ」
オラの よていひょう
勝手《かって》にボクを含《ふく》めないで!!

宿題《しゅくだい》をイヤイヤやるのは損《そん》 どうせやるなら、楽《たの》しくやろう

宿題《しゅくだい》が好《す》きな人《ひと》はあんまりいない。でも、イヤイヤやると、どんどん宿《しゅく》題《だい》が嫌《きら》いになるよ。

宿題《しゅくだい》、どうせやらなければいけないなら、ニコニコ顔《がお》でやっちゃおう。

本《ほん》を読《よ》むとき、わざと笑顔《えがお》を作《つく》って読《よ》むほうがおもしろく感《かん》じた、という研究結果《けんきゅうけっか》があるんだ。

笑顔《えがお》を作《つく》って、とりあえずプリントに名前《なまえ》を書《か》くことに集中《しゅうちゅう》してみよう。

字《じ》がきれいに書《か》けたら、「いい感《かん》じ！」と自分《じぶん》をほめよう。

算数《さんすう》のドリルは時計《とけい》を見《み》ながら、時《じ》間《かん》との競争《きょうそう》でよーいドン。

音読《おんどく》は、声優《せいゆう》やユーチューバーになったつもりで個性的《こせいてき》に読《よ》んでみよう。

集中《しゅうちゅう》してしまえば、「イヤだなぁ」という気持《きも》ちをふっ飛《と》ばしてしまうことができる。

いつのまにか宿題《しゅくだい》は終《お》わっているよ。

えんぴつしんちゃん～もしもしんのすけが小学生《しょうがくせい》だったら～

宿題《しゅくだい》をやるゾ

しんのすけ！
宿題《しゅくだい》しなさい！
アハハハハ…
あ…明日《あした》学校《がっこう》でやるから……
「宿題《しゅくだい》」は家《いえ》でやるものでしょ!!
ほらさっさと用意《ようい》して！
ほ～い
しぶしぶ…
じゃ音読《おんどく》するから聞《き》いてて母《かあ》ちゃん
いいわよどうぞ！
「たぬきの糸車《いとぐるま》」むかしむかし山《やま》おくに木《き》こりのふうふが……
ふんふん
ムズムズムズ…
ねえ動《うご》きながら読《よ》んでもいい？
落《お》ち着《つ》きのない子《こ》ね～好《す》きにしなさい
それでふうふはなべやおひつに大《おお》きな石《いし》を……
スクワットしながら
よく読《よ》めるわね～
へええ～気《き》持《も》ち悪《わる》い……
酔《よ》ったのよ！
だいじょうぶ!?

↑つづく

この前《まえ》ユーチューブで講談《こうだん》見《み》たでしょ
～～～
パパン
パン
あんなふうに読《よ》んでみたら?
おお!おもしろそう
それから数日後《すうじつご》
パン!
月《つき》のきれいなばんにおかみさんが
パパーン!
いよっ!その調子《ちょうし》!!
読《よ》み終《お》わったー♪
よかったわよ～
パチ
パチ
工夫《くふう》すれば宿題《しゅくだい》も楽《たの》しくやれるのよ
ほうほう
それからしばらくして
今日《きょう》はマサオくんといっしょに宿題《しゅくだい》やるー
おじゃましまーす
いらっしゃい
へぇ～!いいじゃない
どっちが早《はや》く漢字《かんじ》の書《か》き取《と》り終《お》わるか競争《きょうそう》ね
オッケー
よーいドン!!
ささっ
5分後《ふんご》
終《お》わったー!!
ふたりともちょっとノート見《み》せて
お?
え?

何《なに》コレ!? ぐっちゃぐちゃじゃない!!
ダメダメ書《か》き直《なお》し!!
え〜〜っ!?
次《つぎ》は「どっちがきれいに書《か》けたか競争《きょうそう》」にしなさい
勝《か》ったほうにはおやつ多《おお》めにあげる!
おおっ!
母《かあ》ちゃん太《ふと》もも—!!
よーいドン!!
ささっ
20分後《ぷんご》
よしよし…! ふたりともさっきよりきれいに書《か》けたわね
がくしゅうちょう
判定《はんてい》!! 引《ひ》き分《わ》け!! この勝負《しょうぶ》
お菓子《かし》は平等《びょうどう》に半分《はんぶん》ずつね
え〜!? ずるいゾ
これは無念《むねん》!!
パパーン!
おケチみさえにしてやられた!!
宿題《しゅくだい》終《お》わったんだからいいでしょ!! 食《く》いしんぼ
パーン!

13

やる気《き》が出《で》ない苦手《にがて》なことは毎日《まいにち》の習慣《しゅうかん》や楽《たの》しみとセットにしよう

算数《さんすう》が苦手《にがて》なら、ゲームをやる前《まえ》に必《かなら》ず算数《さんすう》のドリルをやる、と決《き》める。

次《つぎ》の日《ひ》の漢字《かんじ》テストの勉強《べんきょう》は、家族《かぞく》が夕《ゆう》ごはんのしたくをしている食卓《しょくたく》で。

大好《だいす》きな漫画《まんが》を読《よ》む前《まえ》には、必《かなら》ずストレッチをする。

そんなふうに、苦手《にがて》なことは、毎日《まいにち》必《かなら》ずやる習慣《しゅうかん》にくっつけて、実行《じっこう》するといいんだ。

いやなこと、やる気《き》の起《お》きないことを、いつやろう、と考《かんが》えてやる決断《けつだん》をするのは大変《たいへん》。でも、決《き》まっていることなら、さっさと実行《じっこう》できる。

楽《たの》しいことをする前《まえ》にセットしたら、やる気《き》はますますアップして、テキパキ行動《こうどう》できるようになるよ。

順番表《じゅんばんひょう》を作《つく》っておくのもおすすめ。やることの順《じゅん》に紙《かみ》に書《か》き出《だ》して、リビングに貼《は》っておく。家族《かぞく》が「○○しなさい！」と言《い》わなくなるよ。

ごほうびゲーム

あ〜作文書《さくぶんか》かなきゃ…面倒《めんどう》くさいなぁ…
ピコピコ♪
ママ！ちょっとゲーム預《あず》かってて!!
ハイハイ
せっせ
せっせ
がまんしてたからよけい楽《たの》しー!!
♪
♪

キャラグッズで工夫《くふう》

しんのすけ今日《きょう》こそお風呂《ふろ》入《はい》んなさい!! 4日《か》も入《はい》らないで…
う〜ん…
これを見《み》よ!!
おおっアクション仮面《かめん》てぬぐい!!
ばっ
これで体《からだ》を洗《あら》いなさい
ほほーい!!
アークショーンーかーめーん〜♪せいぎのかーめーーん〜♪
ゴシゴシ
すごい効果《こうか》ね〜

14

好《す》きなキャラクター、ゲームで勉強《べんきょう》をワクワクさせちゃおう！

計算《けいさん》ドリルが苦手《にがて》なら、まちがったとき、復習用《ふくしゅうよう》に、お気《き》に入《い》りのキャラクターの付箋《ふせん》をつけてみよう。

かわいい付箋《ふせん》やスタンプ、シールなどを勉強《べんきょう》に活用《かつよう》するのはいい考《かんが》え。苦手《にがて》なところだけに特別《とくべつ》に使《つか》うのが効果的《こうかてき》だよ。

「やる気《き》」が出《で》るのなんて、ゲームだけ！　というきみは、宿題《しゅくだい》をゲームに見立《みた》ててしまおう。

たとえば、お母《かあ》さんに言《い》われる前《まえ》に決《き》めた時間《じかん》に宿題《しゅくだい》をやる！　という「ミッション」を立《た》ててみる。

面倒《めんどう》な計算《けいさん》ドリルはドラゴンクエストの「スライム」のような、たくさん出《で》てくるけど弱《よわ》い敵《てき》だと思《おも》おう。難《むずか》しい宿題《しゅくだい》は、てごわいモンスター。気合《きあ》いを入《い》れて一気《いっき》にクリアしよう。

勉強《べんきょう》をイヤなものにしないで、楽《たの》しい遊《あそ》びにしてしまおう。

えんぴつしんちゃん～もしもしんのすけが小学生《しょうがくせい》だったら～

復習《ふくしゅう》ゲーム

けっこうまちがえたわね～
それほどでも～
ほめてない
まちがえたとこ全部《ぜんぶ》もう一回《いっかい》解《と》きなさい
えええ～っ!?鬼《おに》ー!!
ぬおお～!!オラ怒《おこ》ったゾ!!
グリグリ
何《なに》描《か》いてんの?
悪《あく》のみさえ城《じょう》を攻《せ》め落《お》とすゲームだゾ!
は!?
つづく
つづき
む～～……
一問《いちもん》復習《ふくしゅう》が終《お》わったら……
炎《ほのお》を描《か》いて一段《いちだん》うめるの!
焼《や》き討《う》ちね
30分後《ぷんご》
う～ん う～ん
ワッハッハッ まいったか!
ボーボー
こうさん!!
よしよしよくがんばった!

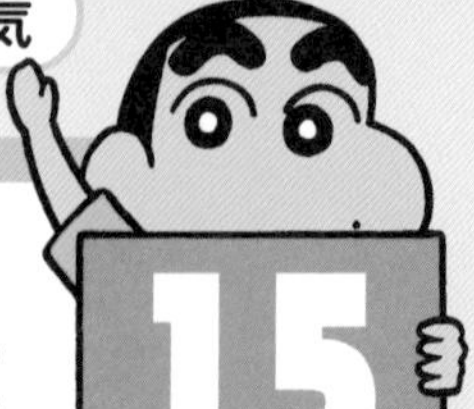

15

誰《だれ》かのやり方《かた》をそっくりそのまま、まねしてみよう

しっかりしている優秀《ゆうしゅう》なクラスメイトのノートを見《み》たことある？

計算式《けいさんしき》の書《か》き方《かた》や、調《しら》べ学習《がくしゅう》のノートの書《か》き方《かた》など、見《み》せてもらおう。

算数《さんすう》ノートを借《か》りて、まるごとうつさせてもらうのもいい。とっても参考《さんこう》になる。

勉強《べんきょう》ができる人《ひと》とできない人《ひと》の差《さ》は、勉強《べんきょう》のやり方《かた》の違《ちが》いによることが多《おお》いんだ。

「どうやってるの？」と勉強《べんきょう》の仕方《しかた》を聞《き》いてみよう。

ノートだけじゃない。忘《わす》れ物《もの》をしない友《とも》だちは、いつもメモ帳《ちょう》にメモしていたりする。友《とも》だちをよく見《み》てみよう。

成績《せいせき》のいい友《とも》だちの家《いえ》で、机《つくえ》を見《み》せてもらっただけで、自分《じぶん》もきちんと勉《べん》強《きょう》したくなったりするもの。

優秀《ゆうしゅう》な友《とも》だちの「いいな！」と思《おも》うところはすぐにまねしてみよう。

えんぴつしんちゃん～もしもしんのすけが小学生《しょうがくせい》だったら～

メモ

ネネちゃーん はさみ貸《か》して～
え～!? またあ!?
明日《あした》の持《も》ち物《もの》くらい メモしなさいよ!
はい
ありがと 書《か》いても メモ見《み》るの 忘《わす》れちゃう
マジックで手《て》に書《か》けば? なら絶対《ぜったい》見《み》るでしょ
きえないし
そっか! 頭《あたま》いい!!
数日後《すうじつご》
しんちゃん 耳《みみ》なし芳一《ほういち》 みたい…
書《か》くとこがどんどん なくなっちゃって…

ノート

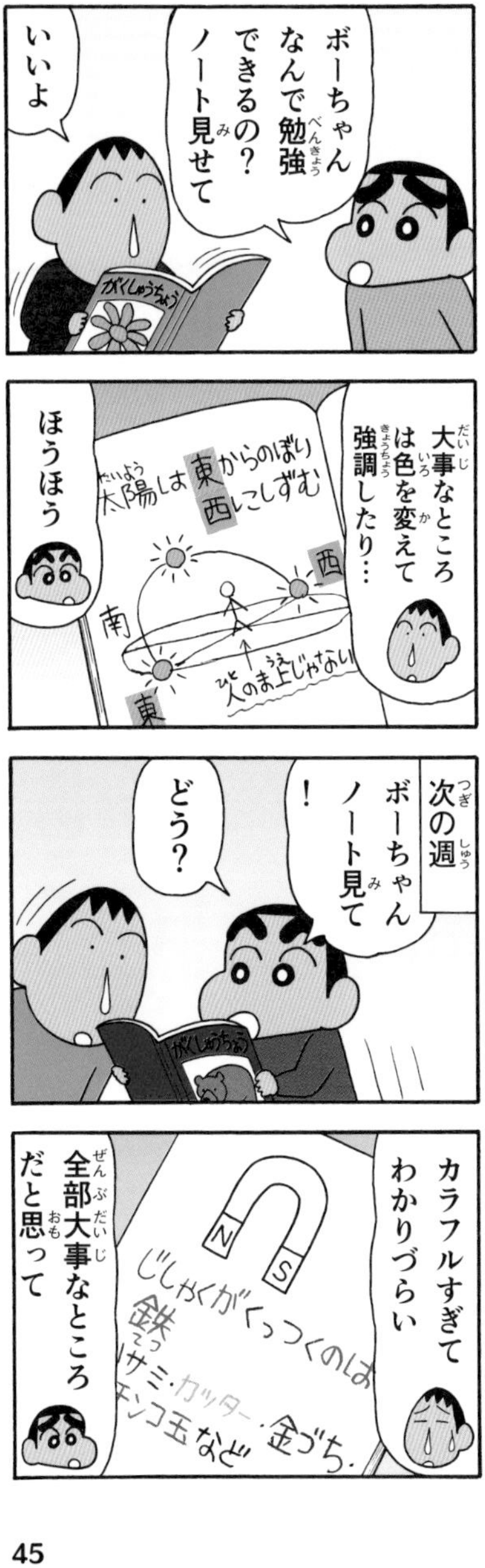
ボーちゃん なんで勉強《べんきょう》 できるの? ノート見《み》せて
いいよ
がくしゅうちょう
大事《だいじ》なところ は色《いろ》を変《か》えて 強調《きょうちょう》したり…
ほうほう
太陽《たいよう》は東からのぼり 西にしずむ
南
西
東
人《ひと》の真上《うえ》じゃない
次《つぎ》の週《しゅう》
ボーちゃん ノート見《み》て !
どう?
がくしゅうちょう
カラフルすぎて わかりづらい
全部《ぜんぶ》大事《だいじ》なところ だと思《おも》って
N
S
じしゃくがくっつくのは
鉄《てつ》
ハサミ・カッター・金づち・
チンコ玉など

16 使《つか》いやすい道具《どうぐ》を使《つか》おう えんぴつをきみの味方《みかた》にしよう

いい道具《どうぐ》はやる気《き》を高《たか》めてくれる。

勉強《べんきょう》に使《つか》うえんぴつや消《け》しゴムはできるだけ使《つか》いやすい物《もの》を選《えら》ぼう。

えんぴつは、2B《ビー》やB《ビー》などの書《か》きやすい物《もの》に。景品《けいひん》でもらったえんぴつなど、使《つか》いにくい筆記具《ひっきぐ》をがまんして使《つか》うのはやめよう。

シャープペンシルもいいけれど、マークシートのテストなど、高校生《こうこうせい》でもえんぴつは必要《ひつよう》。えんぴつを大事《だいじ》なパートナーにしよう。

そして、最後《さいご》まで使《つか》い切《き》ろう。勉強《べんきょう》を一生懸命《いっしょうけんめい》やって、「短《みじか》くなったら、好《す》きなキャラクターのえんぴつを1本《ぽん》買《か》おう」と思《おも》えば、やる気《き》が出《で》る！

短《みじか》くなるまで使《つか》った、ちびたえんぴつを箱《はこ》にためていくのもいいよね。短《みじか》くなった鉛筆軍団《えんぴつぐんだん》は、がんばって勉強《べんきょう》した証《あかし》になって、きみを励《はげ》ましてくれるはずだよ。

えんぴつ

かあちゃん えんぴつ 3本《ぼん》 なくなった！ 買《か》って～
あらもう 使《つか》い切《き》った？
ほら！
へ～！ よく 使《つか》ったじゃない
うん！ これは大事《だいじ》に とっとくゾ
あともう 1本《ぽん》は？
こっちも 大事《だいじ》に とっとくゾ
けずって芯《しん》だけにしたえんぴつ
すごいけど ムダ使《づか》いはダメ!!

消《け》しゴム

消《け》しあと 汚《きたな》いな～
もっといい消《け》しゴム 買《か》ってあげる
おおー!! これ よく消《き》える!!
そのほうが 勉強《べんきょう》の やる気《き》が 出《で》るわよ
しばらくのち
3+7=
6+2=8
5+5=10
6+3=
……
何《なん》でまだ汚《きたな》いの？ 消《け》しゴム使《つか》ってる？
がんばって おにぎり型《がた》にしたのに 使《つか》ったら 崩《くず》れちゃう
いいから 使《つか》いなさい!!

17

勉強《べんきょう》は細《こま》かくばらばらにしよう 3分間《ぷんかん》ずつできることに分《わ》けよう

ドリルなどの宿題《しゅくだい》がたくさんあると、うんざりしてやる気《き》が出《で》ないよね。

それなら、3分《ぷん》でできるように、目《め》の前《まえ》の宿題《しゅくだい》を細《こま》かく分《わ》けてみよう。

最初《さいしょ》に宿題全部《しゅくだいぜんぶ》を、3分《ぷん》でできる分量《ぶんりょう》にかぎかっこなどで区切《くぎ》ろう。

3分《ぷん》でひとつできたら、小《ちい》さいマークなどを書《か》いて「終《お》わった！」とチェックを入《い》れていこう。

このやり方《かた》なら、ストレスを感《かん》じないでどんどんできるよ。

本《ほん》を読《よ》むのが苦手《にがて》でも、ゲームに出《で》てくる文《ぶん》は読《よ》めるよね。ゲームをやる間《あいだ》には、何《なん》ページ分《ぶん》もの文章《ぶんしょう》を読《よ》んでいるんだ。一度《いちど》にやる量《りょう》が少《すく》なければ、気負《きお》わずどんどんやってしまえる。

3分間《ぷんかん》の勉強《べんきょう》なら、すき間時間《まじかん》にもできる。

3分《ぷん》を積《つ》み重《かさ》ねれば、山《やま》のような宿題《しゅくだい》を終《お》わらせることだってできるんだ。

えんぴつしんちゃん〜もしもしんのすけが小学生《しょうがくせい》だったら〜

3分《ぷん》だけドリル

えにっき ドリル あさがお…
そんなに多《おお》く ないじゃない 夏休《なつやす》みの宿題《しゅくだい》
計算《けいさん》ドリル 1冊《さつ》なんて できるわけ ないゾ!!
さんすうドリル
1冊《さつ》って思《おも》うから大変《たいへん》なのよ! 3分《ぷん》だけなら朝晩《あさばん》・食後《しょくご》に どう?
3分《ぷん》だけ なら できるゾ
さんすうドリル
ハイじゃ 3分開始《ぷんかいし》!
ほい!
コト
いってき マウス〜 チュー チュー♪
3分《ぷん》で1問《もん》か… まぁいいでしょう
↖つづく
↙つづき
数日後《すうじつご》
1ページ 終《お》わったね シール1枚《まい》 あげよう
おおっ 母《かあ》ちゃん 気《き》がきくぅ♪
2週間後《しゅうかんご》
ゲーム やろっと
3分《ぷん》で5問《もん》 できるように なったわねぇ
1カ月後《げつご》
イロハオ エ〜♪
おおっ!! 3分《ぷん》で 10問《もん》!
8月下旬《がつげじゅん》
ね!? いつかは 終《お》わるのよ
チリもつもれば 山《やま》となる!!
さんすうドリル
ワッハッハッハッ まいったか!!

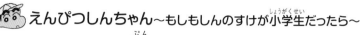

ユーチューブやアプリを上手《じょうず》に使《つか》ってみよう

楽《たの》しく勉強《べんきょう》するための教材《きょうざい》はインターネットにもいっぱいある。うまく利《り》用《よう》すれば、楽《たの》しみながら自分《じぶん》のペースで勉強《べんきょう》することができるよ。家族《かぞく》に確《かく》認《にん》しながらやろう。

漢字《かんじ》の勉強《べんきょう》がゲーム形式《けいしき》でできるものや、社会《しゃかい》や理科《りか》の問題《もんだい》をクイズ形式《けいしき》でどんどん解《と》いていくものなど、楽《たの》しく勉強《べんきょう》できるアプリもたくさんある。

動画《どうが》のユーチューブにも、塾《じゅく》の先生《せんせい》みたいにわかりやすく勉強《べんきょう》を教《おし》えてくれるものがある。

動画《どうが》は、わからないところは戻《もど》して何度《なんど》も再生《さいせい》できるし、繰《く》り返《かえ》し観《み》ることで記憶《きおく》に残《のこ》りやすい。

ただ、いっぱいありすぎて、自分《じぶん》の学力《がくりょく》に合《あ》う教材《きょうざい》を自分《じぶん》で見《み》つけるのは難《むずか》しい。先生《せんせい》やネットにくわしい人《ひと》に相談《そうだん》して、適切《てきせつ》なものを教《おし》えてもらうのがいいよ。

えんぴつしんちゃん〜もしもしんのすけが小学生《しょうがくせい》だったら〜

ユーチューブ

いつまで漫才《まんざい》観《み》てるの!?
ちょっとは勉強《べんきょう》しなさい!!
ほ〜い
ウエ〜イ
! また芸人《げいにん》の動画《どうが》観《み》てる!!
算数《さんすう》の授業《じゅぎょう》だゾ
これはなんじなんぷん?
へ〜そんなのあんのね…

クイズ

ワー
キャー
♪
優勝《ゆうしょう》はギャルチーム!!
あ〜あ終《お》わっちゃった〜
ゴロン
しんちゃん今《いま》みたいなクイズやりたい?
やる!!
やってるやってる♪
漢字《かんじ》学習《がくしゅう》ゲーム↓
♪

19 ノートはきれいに書《か》くより書《か》き続《つづ》けることにこだわろう

ノートは、本来《ほんらい》は人《ひと》に見《み》せるための物《もの》ではなくて、自分《じぶん》が後《あと》で見《み》て「あっ、そうだ」と確認《かくにん》するためにある。

だから、きれいに書《か》きすぎなくていいんだ。自分《じぶん》が読《よ》める字《じ》で書《か》こう。

算数《さんすう》の計算問題《けいさんもんだい》や漢字《かんじ》の練習《れんしゅう》は、そのへんの紙《かみ》にやらないで、日付《ひづ》けを書《か》いて、どんどんノートに書《か》いていこう。書《か》き続《つづ》けていくことが達成感《たっせいかん》になる。

ノートには必《かなら》ず、日付《ひづ》け、教科書《きょうかしょ》や問題集《もんだいしゅう》のどこのページかを書《か》こう。そして、つめこみずぎず、間《あいだ》をあけて書《か》こう。

そして、もうひとつ、ノートの大事《だいじ》なこと。一生懸命《いっしょうけんめい》書《か》いたノートを何度《なんど》も見直《みなお》してあげよう。

勉強《べんきょう》したことがしっかり記憶《きおく》に残《のこ》るし、ノートをこれだけ書《か》いた！　と再《さい》確認《かくにん》することは、大《おお》きな自信《じしん》とやる気《き》につながるんだ。

マサオくんのノート①

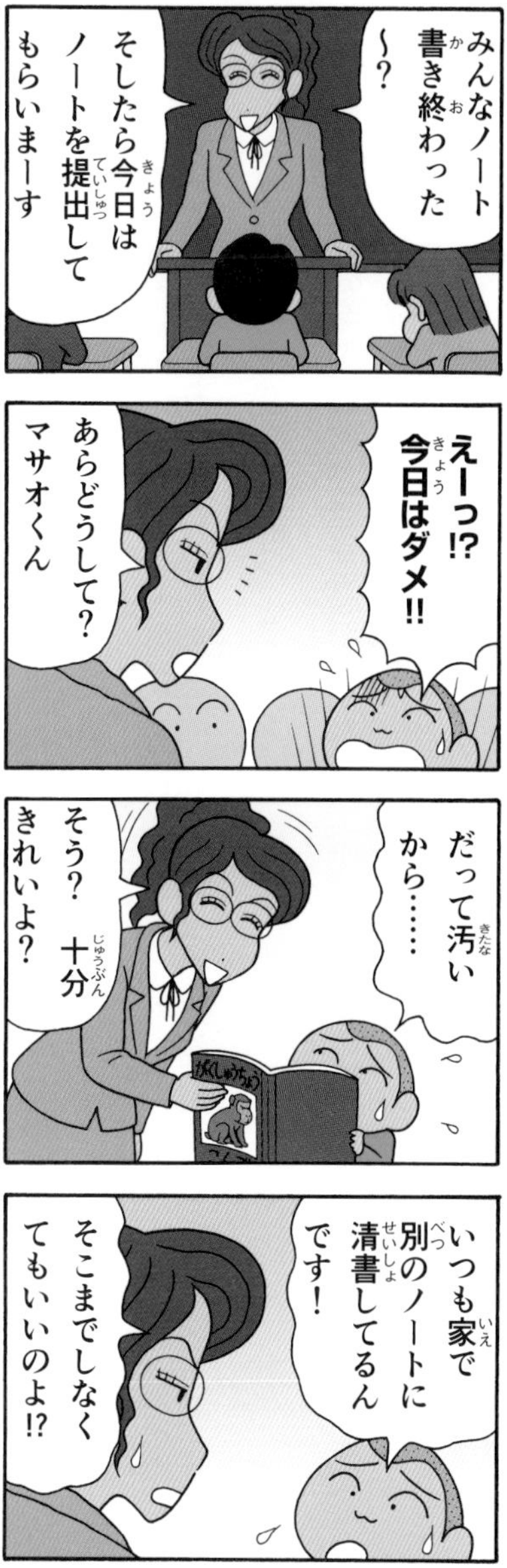
みんなノート書《か》き終《お》わった〜？
そしたら今日《きょう》はノートを提出《ていしゅつ》してもらいまーす
えーっ!? 今日《きょう》はダメ!!
あらどうして？マサオくん
だって汚《きたな》いから……
そう？十分《じゅうぶん》きれいよ？
がくしゅうちょう
いつも家《いえ》で別《べつ》のノートに清書《せいしょ》してるんです！
そこまでしなくてもいいのよ!?

マサオくんのノート②

マサオくん算数《さんすう》のノートきれいだね
作品《さくひん》みたい
えへへ……
がくしゅうちょう
ノートを汚《よご》さないよう計算《けいさん》はいらない紙《かみ》にしてるからね
おー!! そんなことまでしてるのか！
がくしゅうちょう
テスト前《まえ》
あ…! あれ??
がくしゅうちょう
10 cm
20cm
めんせき 100cm²
なんでこの答《こた》えになったんだっけ…？
計算式《けいさんしき》はノートに残《のこ》しておこう

20

好《す》きな教科《きょうか》を作《つく》ろう 自分《じぶん》の好《す》きな勉強《べんきょう》を見《み》つけよう

勉強《べんきょう》は苦手《にがて》でも、この教科《きょうか》のここは楽《たの》しい、というところはあるはず。

計算《けいさん》は苦手《にがて》だけど、図形《ずけい》はおもしろい。それならどんどん図形《ずけい》の問題《もんだい》だけ解《と》いて、図形《ずけい》ならどんな問題《もんだい》でも解《と》けるようにしてみよう！

たったひとつでも得意《とくい》なことがあれば、得意《とくい》なことをがんばろう。それで勉強《べんきょう》の仕方《しかた》を学《まな》ぶことができる。

授業《じゅぎょう》の教科《きょうか》だけでなく、給食《きゅうしょく》の栄養《えいよう》の話《はなし》が楽《たの》しい、とか、教室《きょうしつ》の生《い》き物《もの》の世話《せわ》をするのが好《す》きとか、そういうことを自分《じぶん》の得意《とくい》なことにしてもOK《オーケー》。

「栄養《えいよう》の知識《ちしき》」「カエルの飼《か》い方《かた》」「戦《せん》国武将《ごくぶしょう》」など、興味《きょうみ》のあることの調《しら》べノートを作《つく》るのもおすすめ。

自分《じぶん》で好奇心《こうきしん》を持《も》って、調《しら》べて知識《ちしき》を積《つ》み重《かさ》ねたことは、無駄《むだ》にならない。確実《かくじつ》に中学生《ちゅうがくせい》・高校生《こうこうせい》の教科《きょうか》の勉強《べんきょう》につながっていくよ。

えんぴつしんちゃん～もしもしんのすけが小学生《しょうがくせい》だったら～

国語《こくご》のテスト

マサオくん 漢字《かんじ》テスト また満点《まんてん》！ すごーい！
へへ…
漢字《かんじ》だけでも 完璧《かんぺき》なら 大《おお》きいテスト 4分《ぶん》の1は点《てん》 とれるしね
漢字《かんじ》の問題《もんだい》
こくごのテスト
なるほど！
ネネちゃん 文章題《ぶんしょうだい》が 強《つよ》いよね～
ほんとだ
まあね！
いつもままごと の台本《だいほん》書《か》いたり いろんな役《やく》を 演《えん》じたりしてる もん楽勝《らくしょう》よ！
何《なん》でも役《やく》に 立《た》つんだね
え……

ボーちゃんの場合《ばあい》

ハイ じゃ 続《つづ》きを
ボーくん 読《よ》んで
こくご
え？ どこから ですか？
どっ
ちゃんと 聞《き》いてなさい
!!
次《つぎ》の日《ひ》
ボーちゃん って授業中《じゅぎょうちゅう》 ボーっと してるけど ときどきすごい んだよね
そう？
自由研究全国大会《じゆうけんきゅうぜんこくたいかい》で ボーくんの石《いし》の研究《けんきゅう》が 総理大臣賞《そうりだいじんしょう》を とりました！
好《す》きなこと だけだよ
おお おお….

21

きみの先生《せんせい》はあちこちにいる！「師匠《ししょう》」を見《み》つけよう

学校《がっこう》では担任《たんにん》の先生《せんせい》の他《ほか》に、音楽《おんがく》は音楽専門《おんがくせんもん》の先生《せんせい》が教《おし》えてくれたり、英語《えいご》は外国《がいこく》から来《き》た先生《せんせい》が教《おし》えてくれたりして楽《たの》しい。

家族《かぞく》に勉強《べんきょう》を見《み》てもらう場合《ばあい》も、教科《きょうか》ごとに先生《せんせい》を分《わ》けると楽《たの》しく教《おし》えてもらえるよ。

暗算《あんざん》が得意《とくい》なおばあちゃんと算数《さんすう》の勉強《べんきょう》。漢字《かんじ》のクロスワードパズルが大好《だいす》きなおじいちゃんは漢字《かんじ》の先生《せんせい》。

塾《じゅく》や習《なら》い事《ごと》の先生《せんせい》もいいけれど、身近《みぢか》なところに物知《ものし》りな大人《おとな》がいれば、一番《いちばん》の先生《せんせい》になってもらえる。

園芸《えんげい》のこと、動物《どうぶつ》のことなど、知識《ちしき》を持《も》っている大人《おとな》がいたら、遠慮《えんりょ》なく質問《しつもん》して、教《おし》えてもらおう。ユーチューブなどの動画《どうが》でも、いろんな先生《せんせい》が見《み》つかるよ。

すてきな大人《おとな》を見《み》つけて、自分《じぶん》の「師匠《ししょう》」になってもらおう。

師匠《ししょう》を見《み》つけよう

埼玉紅《さいたまべに》さそり隊《たい》!
あ! お笑《わら》いの師匠《ししょう》だ
違《ちが》う!! オレらは昔《むかし》カタギの不良《ふりょう》だ!!
師匠《ししょう》! 教《おし》えてほしいことが……
だから~ 師匠《ししょう》じゃねえって
もう構《かま》うなよ リーダー
あれ読《よ》んで! 今何時《いまなんじ》?
あー 4時《じ》15分《ふん》
↖つづく
↙つづき
なんだ? 時計《とけい》も読《よ》めねえのかよ
まだ習《なら》ってないもん
いいか? この短《みじか》い針《はり》が「○時《じ》」を指《さ》してて……
ガリ ガリ
ほうほう
ハイ! じゃ今《いま》は何時何分《なんじなんぷん》?
4時《じ》55分《ふん》
あっオラ帰《かえ》んなきゃ!
ありがとー またね! 時計《とけい》の師匠《ししょう》
だからオレは師匠《ししょう》じゃ…
…… まぁいいか

誰《だれ》かに勉強《べんきょう》を教《おし》えてみよう
人《ひと》に教《おし》えることは一番《いちばん》の勉強《べんきょう》になる

おもしろかったテレビの内容《ないよう》を友《とも》だちに説明《せつめい》しようとして、難《むずか》しかったことってないかな。でも、一度《いちど》説明《せつめい》したら、その話《はなし》をずっと忘《わす》れなかったよね。誰《だれ》かに教《おし》えることって、とっても勉強《べんきょう》になるんだ。

もしきみが、もっと勉強《べんきょう》ができるようになりたいと思《おも》うのだったら、自分《じぶん》で学習《がくしゅう》してわかったことを進《すす》んで誰《だれ》かに教《おし》えてあげよう。

わからなくて困《こま》っている友《とも》だちや、家《いえ》の人《ひと》に説明《せつめい》してみよう。それだけで、学習《がくしゅう》したことの復習《ふくしゅう》ができてしまう。

勉強《べんきょう》だけじゃなく、たとえば自分《じぶん》の得意《とくい》な逆上《さかあ》がりの仕方《しかた》や、読《よ》んで知《し》ったばかりの本《ほん》の話《はなし》などをみんなに教《おし》えてあげよう。

自分《じぶん》だけの知識《ちしき》にしないで、周《まわ》りの人《ひと》に広《ひろ》めよう。自分《じぶん》にとって最高《さいこう》の勉《べん》強《きょう》になり、やる気《き》がさらにわいてくる。

えんぴつしんちゃん〜もしもしんのすけが小学生《しょうがくせい》だったら〜

漢字《かんじ》の先生《せんせい》

ママちょっと買《か》い物《もの》行《い》ってくるけど
ほい
ちゃんと宿題《しゅくだい》やんなさいよ?
ケッ
ったりめーよ
!!
パタン
行《い》った行《い》った♪
ふふ〜ん♪
ゲームやろっと♪
ピンポーン
ギクッ
チンノスケオネガイプリーズ
お隣《となり》の→いそうろうロベルト
やあベルト君《くん》何《なん》か用《よう》?
手作《てづく》りのTシャツを作《つく》るんでここに漢字《かんじ》を書《か》いてほしいんだ!
何《なに》その紙《かみ》? そうか紙《かみ》しばい作《つく》るんだな
よっしゃ!! オラにまかせろ!
アリガトーチンノスケ
ぶりぶりざえもんのぼうけん
ノーノーカンジ!! カンジ!!
え? カンジ? 漢字《かんじ》で書《か》くの?

※横書《よこが》きは英語《えいご》だゾ

←つづく

「ぼうけん」なんて漢字《かんじ》まだ習《なら》ってないゾ
さっ
ささっ
ノーノー!!
オンリーカンジ!!
どうも漢字《かんじ》だけ書《か》いてほしいらしいな…
ほい!
さらさら…
フンフン
ウ〜ン…
もっと複雑《ふくざつ》な漢字《かんじ》がいいんだよな〜…
気《き》に入《い》らないの? んも〜好《す》き嫌《きら》いの多《おお》い子《こ》ね!
ちょっと待《ま》っててね
今《いま》までどんなの習《なら》ったっけ……
かんじノート
あ! この字《じ》いい! あとこれも…
それ? え? やっぱそっち?
何個《なんこ》も書《か》くのか…
ワンモアプリーズ
じゃあハイ!
え? もっと?
ワーオ!! ワンダフォーデザイン!!
やっと満足《まんぞく》したらしい…
ふぅ

ハイじゃ今《いま》のをここに書《か》き写《うつ》して
この専用《せんよう》のペンでね！
え!? まさかそこにも書《か》くの!?
う〜ん……書《か》きにく〜い……!!
ワオ!! ファンタスティック!!
今度《こんど》こそ満足《まんぞく》だろうな?
サンキューサンキュー
サンキューサンシンオータニショーヘー
ただいまー
まーだだよ
……しりとり?
お習字《しゅうじ》の宿題《しゅくだい》やってたの?
ん〜まぁそんなとこ
なんて読《よ》むんだい？ロベルト……
おばさんにプレゼント！かっこいいでしょ
それからしばらく後《あと》…
しんちゃん漢字《かんじ》のテスト100点《てん》!! すごいじゃない!!
いっぱい書《か》いて覚《おぼ》えたからね

なんで勉強《べんきょう》しなきゃいけないの？ 勉強《べんきょう》する気《き》がおきないきみへ

勉強《べんきょう》することは、ゲームのアイテムをゲットするようなことと思《おも》えばいい。アイテムがあれば、次《つぎ》に進《すす》むのがこわくなくなるし、ナゾを解明《かいめい》することができる。もっと次《つぎ》に行《い》きたくなる。

勉強《べんきょう》せずにいることは、アイテムを何《なに》もゲットせず、ゲームがよくわからないまま進《すす》むようなものなんだ。

算数《さんすう》がわからないと、お金《かね》の計算《けいさん》がわからなくなる。国語《こくご》ができないと、簡単《かんたん》な書類《しょるい》や手紙《てがみ》の文章《ぶんしょう》も正《ただ》しく読《よ》めなくなる。生活《せいかつ》のいろんなことに不安《ふあん》が出《で》てくるんだ。

勉強《べんきょう》すれば、自信《じしん》を持《も》って判断《はんだん》できるようになる。だまされなくなる。

いろんなことを知《し》って経験《けいけん》を積《つ》めば、自分《じぶん》の力《ちから》を試《ため》したくなって、未知《みち》のことにもワクワクできるんだ。

無駄《むだ》な勉強《べんきょう》なんて何《なに》ひとつない。どんどんアイテムゲットしていこう。

えんぴつしんちゃん〜もしもしんのすけが小学生《しょうがくせい》だったら〜

どんな仕事《しごと》でも

う〜ん……補習塾《ほしゅうじゅく》申《もう》し込《こ》もうかね……
あゆみ 3-1 佐藤マサオ
え——!? そんな〜
なんで勉強《べんきょう》しなきゃいけないの!?
ボク漫画家《まんがか》になるのに……
だったらよけいに勉強《べんきょう》しなきゃ!
ネタが尽《つ》きないように
え!?
この人《ひと》はY《ワイ》大学卒《だいがくそつ》で
この人《ひと》は医師免許《いしめんきょ》この人《ひと》は教員免許持《きょういんめんきょも》ちだよ
そ…そうなんだ…

知識《ちしき》は力《ちから》

通行料《つうこうりょう》100円《えん》はらえ!
え〜でも…
マサオくんどうしたの!?
オレん家《ち》の前通《まえとお》るならおまえも100円払《えんはら》いな!
風間《かざま》くん!!
友《とも》だちか?
うそだ!この道《みち》はカスカベ市《し》の物《もの》だよきみに通行料《つうこうりょう》取《と》る権利《けんり》はないぞ!!
なに!?
警察《けいさつ》に被害届《ひがいとど》け出《だ》せばきみは犯罪者《はんざいしゃ》だ!
じょっ冗談《じょうだん》だよバーカ
勉強《べんきょう》するとだまされにくくなるよ

かすかべ防衛隊《ぼうえいたい》

タイプ別《べつ》でわかる きみのやる気《き》ポイントはここ！

きみの性格《せいかく》は、しんちゃんたち仲間《なかま》の誰《たれ》タイプ？
誰《だれ》タイプかわかれば、やる気《き》の出《だ》し方《かた》のコツがわかるよ。
自分《じぶん》のことを知《し》って、いいところをのばしていこう！

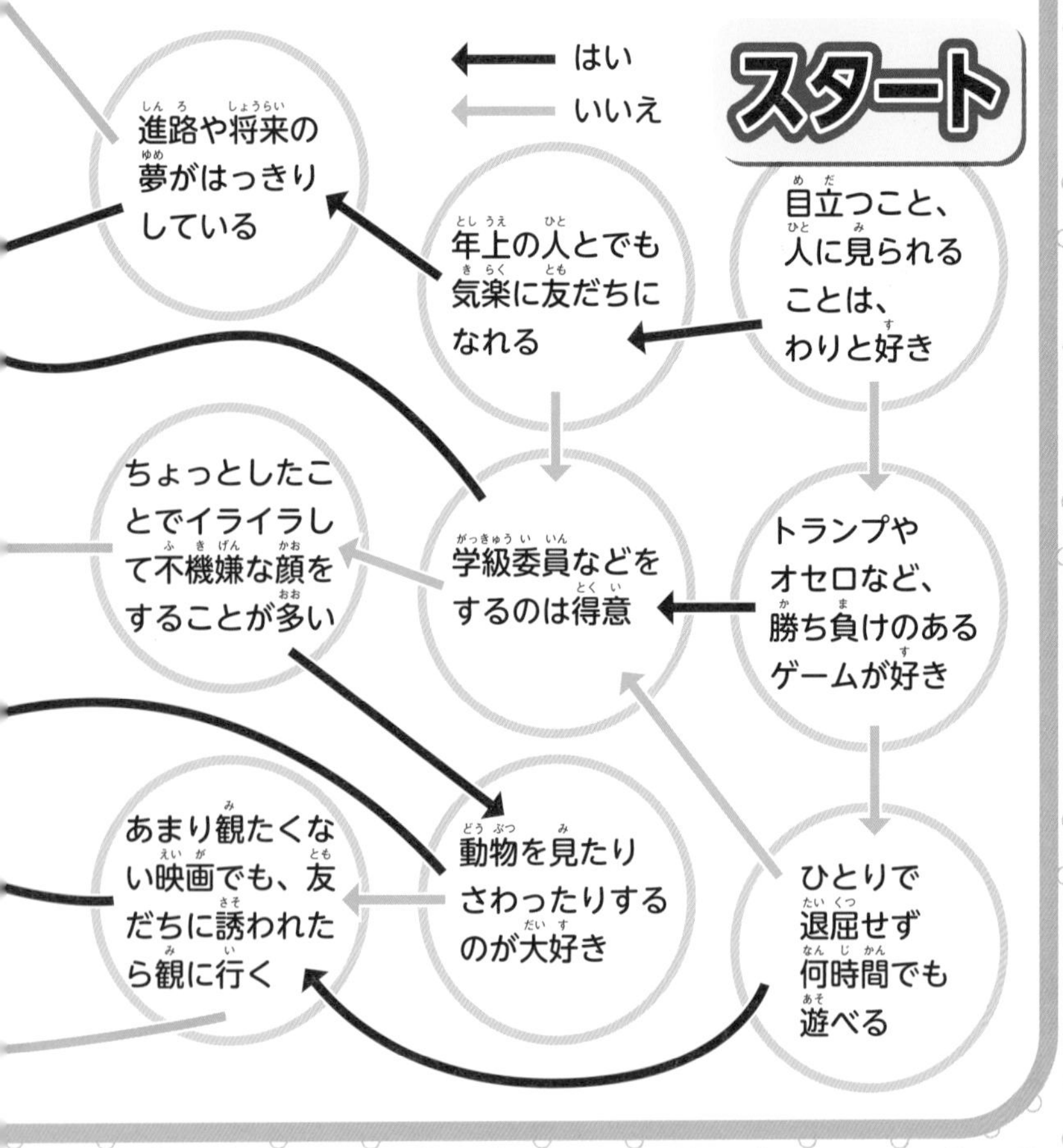

はい
いいえ
スタート
目立《めだ》つこと、人《ひと》に見《み》られることは、わりと好《す》き
年上《としうえ》の人《ひと》とでも気楽《きらく》に友《とも》だちになれる
進路《しんろ》や将来《しょうらい》の夢《ゆめ》がはっきりしている
トランプやオセロなど、勝《か》ち負《ま》けのあるゲームが好《す》き
学級委員《がっきゅういいん》などをするのは得意《とくい》
ちょっとしたことでイライラして不機嫌《ふきげん》な顔《かお》をすることが多《おお》い
ひとりで退屈《たいくつ》せず何時間《なんじかん》でも遊《あそ》べる
動物《どうぶつ》を見《み》たりさわったりするのが大好《だいす》き
あまり観《み》たくない映画《えいが》でも、友《とも》だちに誘《さそ》われたら観《み》に行《い》く

診《しん》断《だん》は次《つぎ》のページを見《み》てね

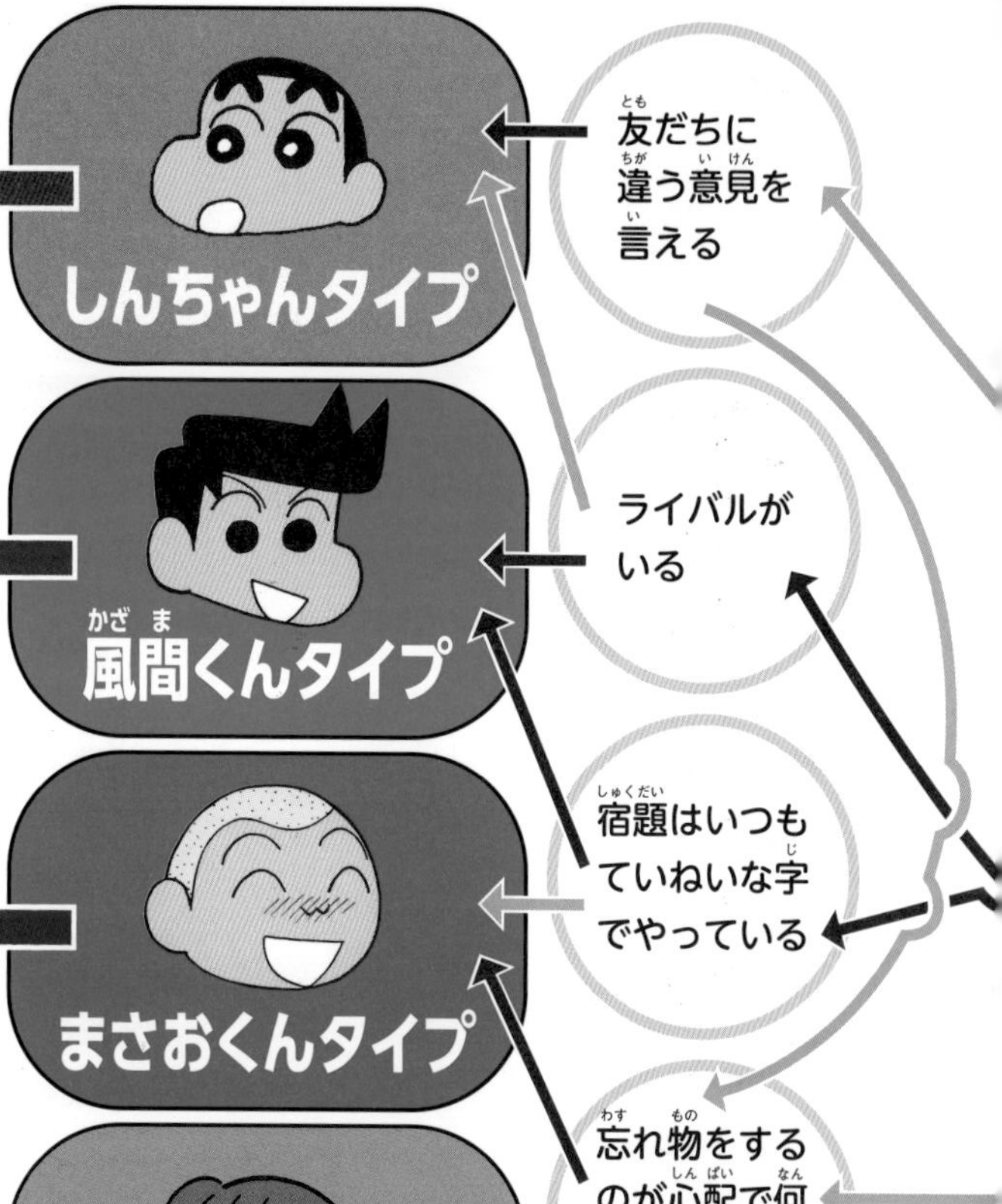
しんちゃんタイプ
風間《かざま》くんタイプ
まさおくんタイプ
ネネちゃんタイプ
ボーちゃんタイプ
友《とも》だちに違《ちが》う意見《いけん》を言《い》える
ライバルがいる
宿題《しゅくだい》はいつもていねいな字《じ》でやっている
忘《わす》れ物《もの》をするのが心配《しんぱい》で何《なん》度《ど》も確《たし》かめてしまう
クラスで読書量《どくしょりょう》は1位《い》か2位《い》

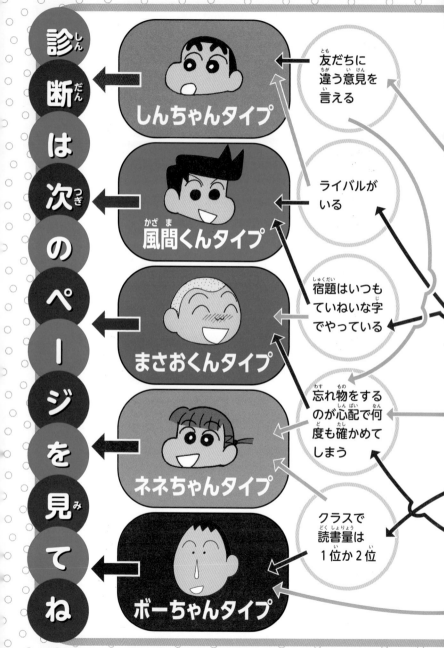

診断《しんだん》

※64〜65ページの質問《しつもん》の答《こた》えに迷《まよ》って、当《あ》てはまるタイプが2つになることもあるよ。そのときは、両方《りょうほう》のアドバイスを参考《さんこう》にしてみよう。

しんちゃんタイプ

お気楽《きらく》な人気者《にんきもの》

このタイプのすごいところ

いつも元気《げんき》いっぱい。自然《しぜん》にふるまっているだけで、誰《だれ》からも好《す》かれるクラスの人気者《にんきもの》。

このタイプのやる気《き》はどこから来《く》る?

「かっこよく見《み》られたい!」「みんなを元気《げんき》にし

風間《かざま》くんタイプ

がんばり優等生《ゆうとうせい》

このタイプのすごいところ

目標《もくひょう》を持《も》って取《と》り組《く》む努力家《どりょくか》で、成長《せいちょう》する喜《よろこ》びを、しっかり知《し》っているタイプだよ。

このタイプのやる気《き》はどこから来《く》る?

「自分《じぶん》はできる!」という気持《きも》ちが原動力《げんどうりょく》。自分《じぶん》

まさおくんタイプ

粘《ねば》り強《づよ》い個性派《こせいは》

このタイプのすごいところ

積極的《せっきょくてき》ではないけど、芯《しん》は強《つよ》く、自分《じぶん》の個性《こせい》をしっかり持《も》っている。粘《ねば》り強《づよ》いタイプだよ。

このタイプのやる気《き》はどこから来《く》る?

キーワードは「自分《じぶん》だけの」。これをやるのは

ネネちゃんタイプ

思《おも》いやりのある人情型《にんじょうがた》

このタイプのすごいところ

共感力《きょうかんりょく》が強《つよ》くてやさしくて思《おも》いやりがあるタイプ。正義感《せいぎかん》も強《つよ》く、思《おも》い込《こ》んだら一直線《いっちょくせん》。

このタイプのやる気《き》はどこから来《く》る?

これはおトク、役《やく》に立《た》つなど、利点《りてん》を納得《なっとく》する

ボーちゃんタイプ

わが道《みち》を行《い》く探究者《たんきゅうしゃ》

このタイプのすごいところ

自分《じぶん》にとって大切《たいせつ》な物《もの》がわかっていて、ひとりでも趣味《しゅみ》や得意《とくい》な学科《がっか》に打《う》ち込《こ》めるタイプ。

このタイプのやる気《き》はどこから来《く》る?

やる気《き》の原動力《げんどうりょく》は「なぜだろう?」「知《し》りたい!」

たい」という気持《きも》ちが原動力《げんどうりょく》。ヒーローになりきる、好《す》きな人《ひと》に認《みと》めてもらいたいと思《おも》うと、すごいパワーが出《で》てくる。

やる気《き》がなくなるときはこんなとき

失敗《しっぱい》したくない気持《きも》ちがあり、自信《じしん》のない苦手《にがて》なことには「ムリ」「めんどくさい」が出《で》てしまう。

やる気《き》を出《だ》すためのカギ

つまずいても、またやりなおせばいいんだ。失敗《しっぱい》から立《た》ち直《なお》ることってカッコイイ！　と思《おも》えば、ぐーんとパワーアップできるよ。

の能力《のうりょく》に自信《じしん》を持《も》っていて、目標《もくひょう》や計画《けいかく》を立《た》てれば、あきらめずに努力《どりょく》を続《つづ》けることができるんだ。

やる気《き》がなくなるときはこんなとき

人《ひと》とくらべて負《ま》けていると感《かん》じると、急《きゅう》にやる気《き》がなくなることがある。人《ひと》とくらべないようにしよう。

やる気《き》を出《だ》すためのカギ

自分《じぶん》ができたこと、自分《じぶん》の実績《じっせき》を思《おも》い出《だ》そう。自分《じぶん》の力《ちから》を信《しん》じて、「絶対《ぜったい》できる！」と思《おも》えばなんでもやりとげてしまうタイプだよ。

自分《じぶん》しかいない！　と思《おも》える物《もの》を見《み》つけると、すごいやる気《き》とど根性《こんじょう》が出《で》るタイプ。

やる気《き》がなくなるときはこんなとき

先《さき》のことをあれこれ考《かんが》えすぎて、やる気《き》がしぼんでしまうことがある。まず始《はじ》めてみよう。

やる気《き》を出《だ》すためのカギ

自分《じぶん》のミッション（使命《しめい》）を見《み》つけよう。勉強《べんきょう》はきらいだけど、漢字《かんじ》だけはがんばるのがぼくのミッション、などと決《き》めてみよう。ファイトが出《で》てくる。

と、とたんにやる気《き》が出《で》る。人《ひと》のために役《やく》に立《た》ちたいと全力《ぜんりょく》でがんばるのもこのタイプ。

やる気《き》がなくなるときはこんなとき

知《し》らないことを「嫌《きら》い」「できない」と思《おも》うくせがある。でも思《おも》い込《こ》みのことが多《おお》いんだ。

やる気《き》を出《だ》すためのカギ

これをやったら自分《じぶん》や周《まわ》りの人《ひと》にこんなにいいことがある！　と知《し》ると、自然《しぜん》にやる気《き》が高《たか》まる。勉強《べんきょう》なら、誰《だれ》かに教《おし》えてあげるつもりでがんばるといいよ。

という好奇心《こうきしん》。謎《なぞ》を自分《じぶん》で追究《ついきゅう》したい気持《きも》ちが強《つよ》いんだ。自分《じぶん》のペースを守《まも》れると力《ちから》を出《だ》せる。

やる気《き》がなくなるときはこんなとき

興味《きょうみ》のない学科《がっか》や団体《だんたい》行動《こうどう》など、無駄《むだ》な時間《じかん》に思《おも》えて、やる気《き》がなくなることがある。

やる気《き》を出《だ》すためのカギ

苦手《にがて》な学科《がっか》や友《とも》だちとの交流《こうりゅう》など、すべてのことが自分《じぶん》の探究心《たんきゅうしん》の栄養《えいよう》になると知《し》ろう。自分《じぶん》の知識《ちしき》を人《ひと》に話《はな》そう。世界《せかい》が広《ひろ》がり、ますますやる気《き》が出《で》てくるよ。

道具《どうぐ》は、買《か》ってきてもらうのではなく自分《じぶん》も店《みせ》に行《い》って、自分《じぶん》で選《えら》ぼう

スポーツ用具《ようぐ》や楽器《がっき》など、習《なら》い事《ごと》の道具《どうぐ》は、しっくりくるもの、これを使《つか》えばできるようになりそう！　というものを、必《かなら》ず自分《じぶん》の感覚《かんかく》で確《たし》かめて選《えら》ぼう。

道具《どうぐ》との出会《であ》いは大切《たいせつ》。てきとうに買《か》ってきてもらうのではなく、自分《じぶん》で選《えら》ぶことが何《なに》より大事《だいじ》なんだ。

お店《みせ》には専門的《せんもんてき》な知識《ちしき》のある人《ひと》がいるから、そこで話《はなし》を聞《き》くこともいい勉《べん》強《きょう》になる。もっと興味《きょうみ》がわいてきたり、新《あたら》しい世界《せかい》が開《ひら》けたりすることもある。

それに、お店《みせ》でお金《かね》を払《はら》ってもらうところを見《み》ていると、しっかりがんばろう、と覚悟《かくご》が決《き》まる。

自分《じぶん》で選《えら》ぶことにこだわろう。

本《ほん》だって、人《ひと》に読《よ》みなさいと言《い》われて与《あた》えられた本《ほん》より、自分《じぶん》で本屋《ほんや》さんや図書館《としょかん》で選《えら》んだほうが、だんぜん読《よ》みたい気持《きも》ちになるよね。

オラが選《えら》んだんだゾ！

ただい松屋《まつや》は
牛丼屋《ぎゅうどんや》～
おかえリンガーハットは長崎《ながさき》ちゃんぽん
早《はや》いわねもうけいこ終《お》わり？
竹刀壊《しないこわ》れて中止《ちゅうし》になった！ラッキー♪
なにがラッキーじゃー
新《あたら》しいの買《か》わなきゃね
次《つぎ》の日《ひ》
剣道具店
ごめんくださ～い!!
ガラガラ
竹刀《しない》くださいな～
幼児用《ようじよう》はそれね
そこから竹選《たけえら》んで
竹《たけ》から選《えら》ぶの？
つづく
つづき
これ!!
はいよ
弦《つる》の色《いろ》は何《なに》にする？
白《しろ》・黄《き》・赤《あか》・青《あお》・紫《むらさき》の中《なか》から選《えら》べるよ
おお……
オラ情熱《じょうねつ》の赤《あか》!!
やったー!! オラの竹刀《しない》ができたー!!
その夜《よる》
ブンブン
自主練《じしゅれん》か珍《めずら》しいな
竹刀《しない》に愛着《あいちゃく》がわいたみたい

ピアノ発表会《はっぴょうかい》にPK《ピーケー》キック緊張《きんちょう》して失敗《しっぱい》しそう…どうする!?

ピアノの発表会《はっぴょうかい》やサッカーのPK《ピーケー》キック。ここ一番《いちばん》という大事《だいじ》なとき、緊張《きんちょう》して頭《あたま》が真《ま》っ白《しろ》に。失敗《しっぱい》しそう!

そんなときは、周《まわ》りを意識《いしき》せず、自分《じぶん》の世界《せかい》に入《はい》り、自分《じぶん》の動作《どうさ》をきちんとやることだけに意識《いしき》を集中《しゅうちゅう》させよう。

お手本《てほん》は、アメリカで活躍《かつやく》した野球《やきゅう》のイチロー選手《せんしゅ》。バットを回《まわ》し、ユニフォームの肩《かた》をつかみながらバットを立《た》てる。周《まわ》りのことを気《き》にせず、自分《じぶん》の実力《じつりょく》を出《だ》すために、毎回同《まいかいおな》じ動作《どうさ》をして精神《せいしん》を集中《しゅうちゅう》させていたんだ。

前《まえ》の選手《せんしゅ》が失敗《しっぱい》したことや、試合《しあい》の経過《けいか》も全部忘《ぜんぶわす》れる。いつもと同《おな》じ手順《てじゅん》でやることだけに意識《いしき》を向《む》けるんだ。

ふだんから、いつも同《おな》じ動作《どうさ》をして、自分《じぶん》の動《うご》きに気持《きも》ちを集中《しゅうちゅう》させる練習《れんしゅう》をしておこう。

不安《ふあん》で自信《じしん》がないときは、結果《けっか》ではなく、「過程《かてい》」に気持《きも》ちを集中《しゅうちゅう》しよう。

手順《てじゅん》に集中《しゅうちゅう》しよう

うん!! 今《いま》の良《よ》かったわよ あいちゃん!
これなら 来週《らいしゅう》の 発表会《はっぴょうかい》は バッチリね
でも前回《ぜんかい》の本番《ほんばん》で頭《あたま》が真《ま》っ白《しろ》になったから心配《しんぱい》ですわ
……
じゃこれから毎日《まいにち》ルーティンの練習《れんしゅう》しようか
??ルーティン
弾《ひ》く前《まえ》にする手順《てじゅん》をおさらいしておくの
そして本番《ほんばん》
だいじょうぶよあいちゃん いつもの手順通《てじゅんどお》りにね
ハイ
↖つづく
↙つづき
まず右足《みぎあし》から歩《ある》き出《だ》して
イスの前《まえ》でおじぎ……
パチ パチ パチ パチ
すぅぅ…
弾《ひ》く前《まえ》にひとつ息《いき》を吸《す》って…
2分後《ふんご》
よかったわよ あいちゃん!
パチパチ
ハッ
……いつの間《ま》にか終《お》わってましたわ

やる気《き》が出《で》ないときも自信《じしん》のあるポーズをしてみよう

オリンピックで活躍《かつやく》した陸上《りくじょう》のボルト選手《せんしゅ》の、弓《ゆみ》で射《い》るようなポーズを覚《おぼ》えてる？　体《からだ》を傾《かたむ》けて空《そら》を見上《みあ》げ、腕《うで》を突《つ》き出《だ》す。こんなポーズは、やる気《き》を出《だ》すためにとても効果《こうか》があるんだ。

逆《ぎゃく》に、スマホをいじっている人《ひと》によくあるように背中《せなか》をまるめた猫背《ねこぜ》のポーズをすると、精神的《せいしんてき》ストレスを感《かん》じてしまうことがわかっているんだ。

やる気《き》が出《で》ないときでも、姿勢《しせい》をよくしてみよう。猫背《ねこぜ》をやめて、あごを引《ひ》こう。背筋《せすじ》をのばして、頭《あたま》をぐっとあげてみる。そうすると、自然《しぜん》に気持《きも》ちが明《あか》るく前向《まえむ》きになってくる。

ちょっと自信《じしん》がないときでも、両足《りょうあし》を開《ひら》いて踏《ふ》みしめ、背筋《せすじ》をのばし、ガッツポーズを作《つく》ってみよう。よしやるぞ！　という気持《きも》ちがわいてくるはず。

猫背《ねこぜ》をやめると、背《せ》もぐんぐんのびるよ。

自信《じしん》が出《で》るポーズ①

ドッジボール
ばら組強《ぐみつよ》そうだなぁ……
だいじょうぶよ!! 同《おな》い年《どし》なんだから!
みんなまるくなって集《あつ》まって!
ひまわり組《ぐみ》! ファイヤー!!
ファイヤ――!!
何《なん》だ? あいつら…
顔《かお》が変《か》わったぞ!?

自信《じしん》が出《で》るポーズ②

ななこおねいさんがもうすぐ来《き》ちゃうどうしよ~
そわそわそわ
ちょっとは落《お》ち着《つ》きなさい
ピンポーン
ななこでーす!
来《き》たあ!!!
今手《いまて》が放《はな》せないの しんちゃん出《で》て!
どすこーい!!
何《なん》じゃそりゃ?
ハーイ
今《いま》行《い》きまーす!
おっ! 落《お》ち着《つ》いた

焦《あせ》らないでていねいにさらおう 完璧《かんぺき》な仕上《しあ》がりはゆっくりから始《はじ》まる

字《じ》を書《か》くのもピアノの練習《れんしゅう》も、空手《からて》の型《かた》を練習《れんしゅう》するのも、最初《さいしょ》からスピードを上《あ》げてさらってしまうと、いつまでやってもうまくならない。

何事《なにごと》も、最初《さいしょ》は、ゆっくり考《かんが》えながら、ていねいにやってみよう。

字《じ》は、字《じ》の一角一角《いっかくいっかく》をお手本《てほん》を見《み》ながら、なぞるように書《か》いてみる。

ピアノの練習《れんしゅう》は、まちがえないで弾《ひ》けるまでは早《はや》く弾《ひ》いちゃいけない。

ダンスや空手《からて》の型《かた》は、体《からだ》のどの部分《ぶぶん》をどう使《つか》うかを意識《いしき》しながら練習《れんしゅう》する。

スローモーションで動《うご》かないと、脳《のう》が正確《せいかく》な動《うご》きを覚《おぼ》えられないんだ。

時間《じかん》がかかるから大変《たいへん》だけど、バッチリできた瞬間《しゅんかん》は、苦労《くろう》が吹《ふ》き飛《と》ぶうれしさ。練習《れんしゅう》することが楽《たの》しくなる。

どんな完璧《かんぺき》な仕上《しあ》がりも、ゆっくりていねいに、から始《はじ》まっている。

焦《あせ》らずにやろう!

ゆっくりおさらいしてみよう

どんどんのびるよ♪
♪おそらにむか〜って
ズン・ズ・ズン♪
こ〜ん〜なちーっちゃーいーターネーなのーに〜♪
ズン・ズ・ズン♪
お?
ひーまわーり〜キーラキラ♪
ひ〜まわ〜り〜キ〜ラキラ♪
こーんなでっかい♪チャチャチャッ
はながさく〜♪
バッ
バッ
げーんきげんきの〜
ひまわりたいっそう〜♪
ボーちゃんのダンス微妙《びみょう》に違《ちが》ってない?
そう?

つづく←

おゆうぎ会《かい》の練習《れんしゅう》 今日《きょう》はここまで!
しばらく自由時間《じゆうじかん》にしまーす
ハーーーイ
ボーちゃんだけちょっと残《のこ》ってね
ボ……
いいな~ボーちゃんだけおやつもらうの?
違《ちが》います!
ダンスの練習《れんしゅう》よ
まずはゆっくりていねいに振《ふ》り付《つ》けを覚《おぼ》えよう!
じょじょに速《はや》くしていけばいいからね
ハイ……
オラもいっしょに踊《おど》っていい?
うん! いいよ!
まあボーちゃんがいいなら……
せーの!
おーそーらーにーむーかーあって~
ズーン・ズ・ズ~ン!
どーんどーんのーびーるーよー
……

ズーン・ズ・ズーン！
プリプリプリ
ふざけて踊《おど》るんなら向《む》こうに行《い》きなさい！
まじめに踊《おど》ります……
しばらくして
振《ふ》り付《つ》けはもう完璧《かんぺき》ね！
じゃ曲《きょく》かけて踊《おど》ってみようか
ハイ
こ〜ん〜な〜 ち〜っちゃ〜い— ターネ—なの—に〜♪
いいぞボーちゃん
ひーまわーり〜キーラキラ♪
ピョンピョンピョン
ひーまわー…
ピョンピョン
ぐきっ
おゆうぎ会当日《かいとうじつ》
♪
パチパチパチパチ
しんちゃんはねんざで欠席《けっせき》しましたとさ
あーあ
お調子《ちょうし》に乗《の》るから……

「自分《じぶん》は○○○！」スターやヒーローになりきってみよう

なんだかやる気《き》にならないとき。

「こんなとき、自分《じぶん》の好《す》きなスターならどうする？」と考《かんが》えてみよう。

どんなに疲《つか》れても、道具《どうぐ》の手入《てい》れをするはず。試合《しあい》に負《ま》けたときだって、ますます気合《きあ》いを入《い》れてトレーニングするはず……そう思《おも》ったら、きみもゴロゴロしていられないよね。

そんなふうに、憧《あこが》れのスターやヒーローになりきるだけで、怠《なま》け心《ごころ》が飛《と》んでいく。

人《ひと》の脳《のう》はだましやすくて、砂糖玉《さとうだま》でもお腹《なか》の治《なお》る薬《くすり》だと思《おも》って飲《の》むと、効《き》いてしまうこともあるくらいなんだ。

自分《じぶん》はモデル！ 自分《じぶん》はスター選手《せんしゅ》！ そう思《おも》い込《こ》んでみよう。だらだら癖《ぐせ》をやめてさっそうと行動《こうどう》できるよ。

自分《じぶん》の理想《りそう》の人《ひと》になったつもりでいれば、きっと、今《いま》までできなかったこともやりとげられるはず。

ヒーローは痛《いた》がらない

ワッハッハッ
アクショーン
かめーん!!
よっ
ほっ
しんちゃんすごいすごーい!!
ずりっ
ビビンッ
あっ!! だいじょうぶ!?
ワッハッハッ
これしきのことへでもないわ
ヒリヒリ
すごい…よくがまんできるな

プロはへこたれない

新作《しんさく》のまんが描《か》いたんだ
おおっ
見《み》せて!!
うーん…
前回《ぜんかい》の方《ほう》がおもしろい
ガーン
そうだ! よしいうすと先生《せんせい》も
インタビューで「最初《さいしょ》はボツばかりだった」って……
まぁ失敗《しっぱい》は成功《せいこう》の元《もと》だからね!
おおっ前向《まえむ》き!!
その意気《いき》よマサオくん!

29

集中力《しゅうちゅうりょく》を上《あ》げるには緊張《きんちょう》とリラックスの両方《りょうほう》が必要《ひつよう》

精神集中《せいしんしゅうちゅう》は、がんばってしようと思《おも》っても、なかなかできるものじゃない。

集中《しゅうちゅう》するには、緊張《きんちょう》とリラックスの両方《りょうほう》が必要《ひつよう》。スポーツだって、練習《れんしゅう》より、試合《しあい》のときのほうが集中《しゅうちゅう》するよね。

自分《じぶん》が一生懸命《いっしょうけんめい》取《と》り組《く》んでいることがあるのなら、より集中《しゅうちゅう》するために軽《かる》くプレッシャーをかけてみるといいよ。

ひとりでボールを蹴《け》っているだけじゃなくて、チームで試合《しあい》をしてみよう。

歌《うた》を練習《れんしゅう》しているなら、人前《ひとまえ》で歌《うた》う機会《きかい》を作《つく》ってみよう。漫画《まんが》を描《か》くのが好《す》きなら、人《ひと》に見《み》せてみよう。

人前《ひとまえ》でできばえを披露《ひろう》する場《ば》を作《つく》る。そんな機会《きかい》を作《つく》ることで、適度《てきど》なプレッシャーがかかって、緊張《きんちょう》できる。すると、みるみる集中力《しゅうちゅうりょく》が上《あ》がるんだ。

ユーチューバーは、披露《ひろう》する場《ば》を作《つく》ることで、自分《じぶん》をわざと盛《も》り上《あ》げている。これもやる気《き》を作《つく》る方法《ほうほう》だよ。

緊張《きんちょう》は成長《せいちょう》のチャンス

マサオくん雑誌《ざっし》に投稿《とうこう》しないの?
えっ?
でも…ボクまだ幼稚園生《ようちえんせい》だよ?
「年齢制限《ねんれいせいげん》なし 30ページ」だって
新人《しんじん》募集《ぼしゅう》!
でもボク30ページなんて描《か》いたことないし…
締《し》め切《き》りは2カ月後《げつご》だゾ まだまだ間《ま》に合《あ》うゾ?
ヨロヨロコミック
う…わかった! ボク投稿《とうこう》する!!
しんちゃん協力《きょうりょく》してくれる?
ガッテンショーチのすけ!!
↖つづく
↙つづき
数日後《すうじつご》
マサオくん遊《あそ》ぼーー!
だから〜締《し》め切《き》り日《び》まで遊《あそ》べないって言《い》ったでしょ!!
おお!! そうだっけ
この頃《ごろ》ずーっとまんが描《か》いてるのねぇ
うん! 締《し》め切《き》りが近《ちか》いんだ!
やったー完成《かんせい》!!
30ページ描《か》き上《あ》げたぞ!!
結果《けっか》は落選《らくせん》でしたが
描《か》き上《あ》げたことで何《なん》だか自信《じしん》がついたよ
レベルアップだね!
マサオくんかっこいい!

伝記《でんき》を読《よ》んでみよう 自分《じぶん》のやりたいことが見《み》えてくる

伝記《でんき》を読《よ》んでみよう。漫画《まんが》になっているものもたくさんある。

偉人《いじん》も、小《ちい》さいころは落《お》ち着《つ》きのない子《こ》どもだったりする。そんな人物《じんぶつ》がどんな努力《どりょく》をして成長《せいちょう》したのかを知《し》ると、自分《じぶん》もがんばればできるかもしれない、と勇気《ゆうき》をもらえるよ。

今活躍《いまかつやく》しているスポーツ選手《せんしゅ》やアイドルのインタビューを読《よ》んでもいい。どんなスターも、こつこつ練習《れんしゅう》をしたり、読書家《どくしょか》だったり、努力家《どりょくか》の一面《いちめん》がある。みんな陰《かげ》でがんばっているんだ。

たくさんの伝記《でんき》を読《よ》むと、とても共感《きょうかん》できる人物《じんぶつ》、あまり好《す》きになれない人物《じんぶつ》が出《で》てくるはず。さまざまな人《ひと》の記録《きろく》を読《よ》むことで、自分《じぶん》はどんな生《い》き方《かた》に魅《ひ》かれるのか、どんなことをしたいのかが少《すこ》しずつ見《み》えてくる。

伝記《でんき》をたくさん読《よ》むことは、自分自身《じぶんじしん》を知《し》ることにつながるんだ。

自信出《じしんで》てきた！

マサオくんに まんが借《か》りて きた～
よかった わね
あらっ 伝記《でんき》まんが！
影響《えいきょう》されて勉強好《べんきょうず》きに なんないかしら…
エジソン
あー おもしろ かった!!
パタム
へぇ～ どこが 良《よ》かった
?
エジソンさんが勉強《べんきょう》 できなかったとこ～ オラも 偉人《いじん》に なれる かも～♪
フラ
フラ
その後《ご》の努力《どりょく》が あったからよ!!

めっちゃ自信家《じしんか》

パタム
メアリー・アニング
あーおもしろ かった！
黒磯《くろいそ》！ また 本屋《ほんや》さんに 連《つ》れてって！
いいですよ お嬢様《じょうさま》！
本屋《ほんや》
お嬢様《じょうさま》は伝記《でんき》が お好《す》きですね
う～ん…それよりも この棚《たな》にいつもすき間《ま》を 開《あ》けときたいの
私《わたくし》の伝記《でんき》が 出《で》たときに 置《お》けないと 困《こま》るでしょ
はぁ……そ…… そうですね…

スポーツに自信《じしん》がなくても「苦手《にがて》」と決《き》めつけるのをやめよう

走《はし》るのが遅《おそ》い自分《じぶん》はスポーツが苦手《にがて》、そう決《き》めつけるのはやめよう。

徒競走《ときょうそう》や逆上《さかあ》がりだけがスポーツじゃない。スポーツといっても、いろんな種類《しゅるい》があるんだ。

走《はし》るのが苦手《にがて》でも、球技《きゅうぎ》が得意《とくい》な人《ひと》だっている。壁面《へきめん》を登《のぼ》るボルダリングや空手《からて》など、学校《がっこう》の体育《たいいく》ではやらないスポーツに挑戦《ちょうせん》してみると、新《あたら》しい世《せ》界《かい》が開《ひら》けるよ。

運動《うんどう》が苦手《にがて》な人《ひと》が将来《しょうらい》マラソン選手《せんしゅ》になったり、ダンサーになったりして活躍《かつやく》することもある。

体育《たいいく》ではどうしても、速《はや》い遅《おそ》いや勝《か》ち負《ま》けがはっきりしてしまうけど、気《き》にしない！ 仲間《なかま》との体《からだ》を使《つか》ったコミュニケーションを楽《たの》しもう。

スポーツで一番大事《いちばんだいじ》なことは、競《きそ》い合《あ》うことではなく、自分《じぶん》の体《からだ》でチャレンジする勇気《ゆうき》なんだ。

ボーちゃんに合《あ》うスポーツ

ボーちゃんは球技《きゅうぎ》が苦手《にがて》
ポンッ
ボ…
ボク体育《たいいく》嫌《きら》い……
体育《たいいく》なんて楽《たの》しく体《からだ》を動《うご》かせばいいんだよ
だってみんなに迷惑《めいわく》かけるし
剣道《けんどう》なら平気《へいき》だゾ
そうか！個人競技《こじんきょうぎ》だもんね ボーちゃん剣道《けんどう》やってみれば？
剣道《けんどう》…？
ということで体験入門《たいけんにゅうもん》
よろしくお願《ねが》いします
よろしく
礼儀正《れいぎただ》しい子《こ》だな
↖つづく
↖つづき
良《よ》い心《こころ》がけだ 剣道《けんどう》は「礼《れい》に始《はじ》まり礼《れい》に終《お》わる」ものだぞ
ハ…ハイ
ブン
ブン
メン
メン
そうそう！ サマになってきたぞ
そして…
しんちゃんけいこ行《い》こ
あたたた腹痛《ふくつう》が痛《いた》いゾ！
ウソ→
オラ今日《きょう》は休《やす》む～
ボーちゃんオラより剣道《けんどう》にハマったな…

習《なら》い事《ごと》にやる気《き》が出《で》ない もうやめたいとき

習《なら》い事《ごと》のスイミング。もうやる気《き》が出《で》ない。やめたい。どうしよう!?「○級《きゅう》を取《と》るまで続《つづ》けなさい」と言《い》われるかもしれないけれど、やりたくないのに続《つづ》けても嫌《きら》いになるだけ。

向《む》いていないと気《き》づいたり、別《べつ》のことをやりたいと思《おも》ったり、視野《しや》が広《ひろ》がって自分《じぶん》のことを客観的《きゃっかんてき》に見《み》る能力《のうりょく》が出《で》てきたり。やめたくなるのは成長《せいちょう》している証《あかし》でもあるんだよ。

やめたいときは、一度《いちど》やめよう。やりたくなったら、また始《はじ》めればいい。ただし、上達《じょうたつ》しなくても、自分《じぶん》が楽《たの》しい習《なら》い事《ごと》なら、続《つづ》けるべき!

今《いま》は見《み》えないけど、少《すこ》しずつ上達《じょうたつ》していることがある。しかも、水面下《すいめんか》の成長度《せいちょうど》は、応援《おうえん》しているお父《とう》さんやお母《かあ》さんには見《み》えにくいことが多《おお》いんだ。

習《なら》い事《ごと》は成績《せいせき》にこだわらない。自分《じぶん》の気持《きも》ちを重視《じゅうし》しよう。

習《なら》いごとは楽《たの》しくやろう

トオルちゃんピアノ習《なら》ってみない？
ピアノ？
いつか合唱《がっしょう》サークルの伴奏《ばんそう》してくれたらうれしいわ♪
うん！ボク習《なら》う!!
習《なら》い始《はじ》め
半年後《はんとしご》
練習《れんしゅう》つらいな…
やりたくないよ～
↖つづく
↙つづき
でもママのためにがんばらないと！
伴奏《ばんそう》してくれたらうれしいわ♪
しかしその後《ご》も全《まった》く上達《じょうたつ》しない風間《かざま》くん
次《つぎ》こそは進級試験《しんきゅうしけん》受《う》かろうね！
ハイ…
あ～あ…ピアノもうやだなぁ…つらいなぁ……
ボソ…
そんなにつらいならもうやめちゃっていいのよ
えっいいの!?
ママのためにありがとう
でももっと楽《たの》しく習《なら》えることがいいわね

志望《しぼう》はクリエイター！ そのやる気《き》をどう育《そだ》てる？

ゲームクリエイターになりたい人《ひと》はとても多《おお》い。

でも、ゲームクリエイターといっても、CG《シージー》を作《つく》る人《ひと》、全体《ぜんたい》の物語《ものがたり》を作《つく》る人《ひと》、プログラミングをする人《ひと》、音楽《おんがく》を作《つく》る人《ひと》など、その仕事《しごと》はさまざまだってこと、知《し》っているかな？

その中《なか》でどんな仕事《しごと》がしたい？ ここが一番大事《いちばんだいじ》なところなんだ。

将来《しょうらい》ゲームに関係《かんけい》する仕事《しごと》がしたいと思《おも》うなら、ゲームの仕事《しごと》に関《かん》する情報《じょうほう》をどんどん集《あつ》めてみよう。どんな学《がっ》校《こう》へ行《い》けば、そんな職業《しょくぎょう》につけるのかを調《しら》べていけば、目標《もくひょう》ができる。

情報《じょうほう》を集《あつ》めていくと、「ゲームクリエイター」の文字《もじ》にさっと目《め》がいくようになる。気《き》になる情報《じょうほう》がどんどん飛《と》び込《こ》んでくるようになる。そうなったらしめたもの。しだいに目標《もくひょう》がはっきりして、一気《いっき》にやる気《き》が出《で》てくるよ。

調《しら》べてみよう

ねぇ ヨシオくんも まんが家《か》に なりたいの？
マサオの まんが友《とも》だち ヨシオくん
じつはボク アニメーターに なりたいんだ
アニメーター!! それ どうやって なるの？
わかんない …ポチモン みたいなの 作《つく》りたいん だけど……
じゃあポチモンを 作《つく》ってる人《ひと》のことを 調《しら》べてみたら？
え…… どうやって ？
「ポチモン アニメ」で 検索《けんさく》……
……監督《かんとく》は フトダタモツ さんだって
↖つづく
△×美術大学《びじゅつだいがく》 デザイン科《か》 卒業後《そつぎょうご》 ○○アニメ舎《しゃ》 へ入社《にゅうしゃ》……
↖つづき
美大《びだい》に 行《い》くと近道《ちかみち》 なのかねぇ
そこ誰《だれ》でも 行《い》けるの？
絵画教室《かいがきょうしつ》で デッサンとか 勉強《べんきょう》しなきゃ 受《う》からないいん じゃない？
？ ？ でっさん？
「美術大学《びじゅつだいがく》 絵画教室《かいがきょうしつ》」で検索《けんさく》 ……ほら デッサン 習《なら》えるところ いっぱい あるよ
ボクそこ 通《かよ》いたい！ でっさん 習《なら》いたい!!
自分《じぶん》のママに 言《い》ってよォ ヨシオくん
あ…うん そうする
うまく いくと いいねぇ

朝《あさ》は早《はや》く起《お》きて、朝日《あさひ》を浴《あ》びよう やる気《き》を出《だ》すための基本《きほん》

朝目《あさめ》が覚《さ》めたら、しっかり朝日《あさひ》を浴《あ》びて体《からだ》を動《うご》かし、目《め》を覚《さ》まそう。朝《あさ》の光《ひかり》を目《め》で認識《にんしき》すると、脳《のう》の中《なか》でセロトニンが分泌《ぶんぴつ》される。セロトニンは、人《ひと》にやる気《き》や元気《げんき》を出《だ》させる働《はたら》きがある物質《ぶっしつ》なんだ。

人《ひと》は、コウモリとは違《ちが》う、昼《ひる》に活動《かつどう》する動物《どうぶつ》。人間《にんげん》の自然《しぜん》のリズムの通《とお》りに生活《せいかつ》すると、心《こころ》、頭《あたま》、体《からだ》の調子《ちょうし》が整《ととの》って、セロトニンがたくさん出《で》る。

朝早《あさはや》く起《お》きて、朝日《あさひ》を浴《あ》びながら体《からだ》を動《うご》かすだけで、自然《しぜん》に「やるぞー！」と「やる気《き》」が出《で》てくる。これは人間《にんげん》の体《からだ》のしくみ。最大限《さいだいげん》に活用《かつよう》しよう。

朝《あさ》が苦手《にがて》な人《ひと》は、目覚《めざ》ましと同時《どうじ》に元気《げんき》のある音楽《おんがく》を聴《き》いて体《からだ》を動《うご》かしたり、朝《あさ》シャワーを浴《あ》びたりすると、体《たい》温《おん》が上《あ》がってしっかり目《め》が覚《さ》めるよ。

朝早《あさはや》く起《お》きることは、「やる気《き》」を出《だ》すための基本《きほん》だよ。

朝日《あさひ》のパワー

あしぶみエッホッホ〜♪
この曲《きょく》にも慣《な》れちゃったわね〜
グ〜……
ならばこっちでどうだ!?
カチャ
ジャジャ〜〜ン♪アクショ〜ン
かめ〜ん♪
!
♪せいぎ〜のか〜め〜ん〜
♪
ゴゴゴ〜レッツゴ〜♪
歌《うた》ってんなら起《お》きなさい!!
つづく
つづき
ホラホラ朝日《あさひ》を浴《あ》びれば目《め》が覚《さ》める!
カッ
おわっ!!まぶしっ!
ぱちっ
おおお…!!目《め》が覚《さ》めた!!
でしょ〜!?
その夜《よる》
そんな窓際《まどぎわ》で寝《ね》るの?
朝日《あさひ》を浴《あ》びるんだゾ!

夜《よる》寝《ね》る前《まえ》のスマホ、ゲームは厳禁《げんきん》

夜《よる》のスマホ、ゲームは睡眠《すいみん》の大敵《たいてき》。

スマホやパソコン、テレビなどの青《あお》みのある光《ひかり》は、夜《よる》に見《み》るには明《あか》るすぎるんだ。脳《のう》が朝《あさ》と勘違《かんちが》いして目《め》を覚《さ》まさせてしまう危険《きけん》がある。

だから、遅《おそ》くまでゲームをやって、いざ寝《ね》ようとしても、興奮《こうふん》して眠《ねむ》れなくなってしまうんだ。

夜《よる》寝《ね》る時間《じかん》が遅《おそ》くなると、体《からだ》を育《そだ》てる働《はたら》きをする成長《せいちょう》ホルモンという物質《ぶっしつ》が分泌《ぶんぴつ》されなくなってしまうよ。

夜《よる》はリラックスする時間《じかん》。本《ほん》を読《よ》んだり、えんぴつを持《も》って何《なに》か書《か》いたりすると気持《きも》ちも落《お》ち着《つ》くし、自然《しぜん》に眠《ねむ》くなる。成長期《せいちょうき》はとくに、夜《よる》ぐっすり眠《ねむ》ることが何《なに》より大事《だいじ》。

ゲームやスマホは、朝《あさ》やろう。ゲームがやりたくて早起《はやお》きできるし、朝《あさ》なら、ゲームやスマホの光《ひかり》で目《め》が覚《さ》めていいよ。

いいことあったのに

完《かん》せーい!!
新作《しんさく》やっと できた〜!!
がんばった後《あと》の ゲームは 楽《たの》しいなぁ
マサオ! もう寝《ね》る 時間《じかん》だよ!
…あれ? 疲《つか》れてる のに眠《ねむ》れない……
ゲーム機《き》の光《ひかり》のせいで 頭《あたま》が起《お》きてしまうんだ
次《つぎ》の日《ひ》
マサオくん きげん悪《わる》いの? 何《なに》か やなことあった?
ううん 寝《ね》不《ぶ》足《そく》…

ゲームをうまく使《つか》おう

もう遅《おそ》いからダメ!! 朝早《あさはや》起《お》きしてやんなさい!
え〜〜っ!!
オラもう 怒《おこ》ったゾ!! 寝《ね》る!!
バサッ
朝《あさ》
むくっ
おー! すばらしい
これが一番《いちばん》効《き》く 目覚《めざ》ましね!

36

体《からだ》も頭《あたま》も十分《じゅうぶん》な睡眠時間《すいみんじかん》が必要《ひつよう》

小学生《しょうがくせい》は8～10時間《じかん》はまとめて寝《ね》るべき。どうしてもやる気《き》が出《で》ない、と悩《なや》んでいるきみ、睡眠時間《すいみんじかん》が足《た》りないのかもしれないよ！

睡眠中《すいみんちゅう》、夢《ゆめ》も見《み》ずにぐっすり寝《ね》ているときに、体内《たいない》では成長《せいちょう》ホルモンという物質《ぶっしつ》が出《で》て、背《せ》を伸《の》ばしたり、体《からだ》を回復《かいふく》させたりしている。

夜中《よなか》すぎ、夢《ゆめ》を見《み》る時間《じかん》には、脳《のう》はその日《ひ》見《み》聞《き》きしたこと、学校《がっこう》で勉強《べんきょう》したことなど、すべての記憶《きおく》の整理整頓《せいりせいとん》をして、明日《あす》にそなえているんだ。

睡眠不足《すいみんぶそく》だと、背《せ》が伸《の》びなくなったり、体《からだ》が修復《しゅうふく》できなかったりするだけでなく、記憶《きおく》がごちゃごちゃになったまま、頭《あたま》が混乱《こんらん》したままになってしまう。寝《ね》ないで勉強《べんきょう》しても効果《こうか》が低《ひく》いのは、そのせいだよ。

体《からだ》のためはもちろん、勉強《べんきょう》のためにも、睡眠時間《すいみんじかん》はたっぷり必要《ひつよう》なんだ。

寝不足《ねぶそく》はダメ

明日《あした》のテストは前回《ぜんかい》よりいい点《てん》取《と》るぞ!!
トオルちゃんもう寝《ね》なさい!
うん! あともうちょっと…
2時間後《じかんご》
よし! これだけやれば…
寝《ね》よっと!
朝《あさ》
トオルちゃん!! 遅刻《ちこく》するわよ!?
う～ん…… もう朝《あさ》…?
つづく
つづき
食欲《しょくよく》ない…
ダメよ! 食《た》べなきゃ
元気《げんき》出《で》ないわよ?
そして塾《じゅく》
ハイ! 始《はじ》めてー
終了《しゅうりょう》ーー!! えんぴつ置《お》いて
うわぁ～!! 全部《ぜんぶ》うめられなかった
今回《こんかい》は風間《かざま》くんらしくなかったねぇ…
ハァ…
うう…次《つぎ》はちゃんと寝《ね》よう…

外《そと》へ出《で》て散歩《さんぽ》しよう 視界《しかい》を変《か》えて空《そら》を見《み》よう

やる気《き》が出《で》ない。何《なに》もしたくない。なんだか気《き》持《も》ちがふさぐ。そんなときは、外《そと》へ出《で》てみよう。30分《ぷん》くらい歩《ある》いてみると、気《き》持《も》ちが切《き》り替《か》わる。血流《けつりゅう》がよくなって、頭《あたま》の働《はたら》きがよくなり、自然《しぜん》にやる気《き》が出《で》てくる。

散歩《さんぽ》を習慣《しゅうかん》にしていた有名人《ゆうめいじん》にはスティーブ・ジョブズやベートーベンがいる。世界《せかい》を変《か》えた作品《さくひん》は歩《ある》きながら考《かんが》えることで作《つく》られたんだ。

歩《ある》くことができないときは、自然《しぜん》を感《かん》じられるように工夫《くふう》してみるといい。室内《しつない》で植物《しょくぶつ》を育《そだ》ててみたり、波《なみ》の音《おと》や鳥《とり》の声《こえ》を録音《ろくおん》したCD《シーディー》をかけてみたり、電気《でんき》を消《け》して、窓《まど》から月《つき》や星《ほし》を見《み》てみるのもいい。

自然《しぜん》の中《なか》には、「ゆらぎ」といって、不規則《ふきそく》な動《うご》きがある。これが人《ひと》をくつろがせ、気《き》持《も》ちをリフレッシュさせてくれるもとになっているんだ。

自然《しぜん》ってすごい

……
あ〜!! もう! 集中《しゅうちゅう》できない!!
!
気晴《きば》らしにお散歩《さんぽ》でもしてきたら?
うん……
散歩《さんぽ》なんておじいちゃんみたい……
ブツブツ
つづく

つづき
! ボーちゃん!? 何見《なにみ》てんの?
ボ……
あの雲《くも》…すごい迫力《はくりょく》……
本当《ほんとう》だ……! お城《しろ》みたい
人《ひと》住《す》んでそう……
そうだね 向《む》こうもこっちを見《み》てたりしてね……
ただいまー!!
おかえり
スッキリしたお顔《かお》になったわね!

38 外《そと》で体《からだ》を動《うご》かして遊《あそ》べば勉強《べんきょう》のやる気《き》がアップする

鬼《おに》ごっこ、かけっこ——体《からだ》を使《つか》って遊《あそ》べることは、どんどんやろう。

体《からだ》を動《うご》かすと、頭《あたま》がよくなる。ほんとだよ。運動《うんどう》すると脳《のう》の働《はたら》きが活性化《かっせいか》することは脳科学《のうかがく》でわかっているんだ。

スポーツクラブに通《かよ》いながら、勉強《べんきょう》もしっかりできている人《ひと》は、努力《どりょく》しているだけじゃなく、運動《うんどう》をすることで脳《のう》の働《はたら》きがよくなっている可能性《かのうせい》もあるよ。

だから、勉強《べんきょう》が大事《だいじ》だからと、スポーツクラブをやめてしまうのはあまりいい考《かんが》えじゃない。

スポーツと勉強《べんきょう》は両方《りょうほう》バランスよくやることでやる気《き》がアップするんだ。

体《からだ》を動《うご》かすのが苦手《にがて》な人《ひと》は、毎日散《まいにちさん》歩《ぽ》や簡単《かんたん》な体操《たいそう》をするなど、軽《かる》く運動《うんどう》の習慣《しゅうかん》をつけることを始《はじ》めてみよう。

運動後《うんどうご》に机《つくえ》に座《すわ》ると、勉強《べんきょう》に意欲《いよく》がわいてくるのがわかるよ。

運動《うんどう》も大事《だいじ》

マングースマンション
ピンポーン
カザマくーん
！
EIGONO EHON
あの声《こえ》はしんのすけだ！
マサオくんもネネちゃんもボーちゃんも都合《つごう》が悪《わる》いんだって！だから風間《かざま》くん遊《あそ》ぼ
いやな誘《さそ》い方《かた》だなぁ…
いいお天気《てんき》だしたまにはお外《そと》で遊《あそ》んでらっしゃい
ママ……
さては今日《きょう》何《なに》もおやつがないんだな？
家《いえ》の中《なか》で遊《あそ》んでばかりいると運動不足《うんどうぶそく》になるからよ！
公園《こうえん》
おやつも食《た》べたし…さて何《なに》して遊《あそ》ぶ？
地面《じめん》にお絵《え》描《か》き!!!
それ家《いえ》でもできるだろ！
じゃうーんと大《おお》きい絵《え》描《か》けば
せっかく外《そと》なんだから体《からだ》を動《うご》かそうよ
あー言《い》えばこー言《い》う!!自分《じぶん》でも何《なに》か案《あん》出《だ》しなさい!!
わかったわかった…
じゃあお相撲《すもう》なんてどう？

↑つづく

そうだね
ポカポカ
陽気《ようき》だし
それは
休《やす》もう!!
お相撲《すもう》だよ
・・・
おすもう!!
え…やだ
はだかで
ふたりで?
…オラは
いいけど
くね
変《へん》な言《い》い方《かた》
すんな!!
別《べつ》にはだかで
やんなくても
いいよ!
しんのすけは大《おお》きい
丸《まる》を描《か》いて! ボクは
中《なか》の線《せん》を引《ひ》くから
桶《おけ》
ざざ…
でかすぎ
だよ!!
お?
小《ちい》さすぎ!!
んも〜
うん!
いいだろ
ひが〜あ
〜し〜
風間《かざま》〜
や〜ぁま〜

にぃ～し ～…… は誰《だれ》？
おまえ だよ!!
オラ白鵬《はくほう》に しよっと！
あっ ずるい!!
ボクも風間山《かざまやま》じゃなくて白鵬《はくほう》がよかったなぁ
じゃオラ 照強《てるつよし》で いいや
やったー じゃボク 白鵬《はくほう》～♪
むんず
ばあっ
塩《しお》まきのマネすんな!! ペッペッ
はっけよい のこった!!
ああ…
そして…
ただいまー ごめんママ 汚《よご》しちゃった……
いいのよ いっぱい 遊《あそ》んだのね
よく遊《あそ》んだ後《あと》は…
なぜか勉強《べんきょう》もスイスイ はかどるのでした

食《た》べ過《す》ぎはやる気《き》をなくす おやつは上手《じょうず》に食《た》べよう

おやつは楽《たの》しみだし、勉強《べんきょう》のやる気《き》につながるけど、食《た》べ過《す》ぎると逆効果《ぎゃくこうか》になるから気《き》をつけよう。

運動量《うんどうりょう》が多《おお》い場合《ばあい》や、習《なら》い事《ごと》で夕食《ゆうしょく》が遅《おそ》くなる場合《ばあい》は、お腹《なか》がすきすぎないようにおにぎりなどで多《おお》めに栄養《えいよう》をとる必要《ひつよう》がある。

でも、勉強《べんきょう》する前《まえ》におやつを食《た》べすぎてしまうと、眠《ねむ》くなったり、だるくなったりしやすいんだ。ジュースも糖《とう》分《ぶん》が多《おお》いから飲《の》みすぎないように気《き》をつけよう。

また、眠気《ねむけ》ざましにコーヒーや紅茶《こうちゃ》など、カフェインを多《おお》く含《ふく》むものを飲《の》むのはやめよう。カフェインは成長期《せいちょうき》に飲《の》む物《もの》ではないんだ。

おやつは家《いえ》の人《ひと》と相談《そうだん》して量《りょう》を決《き》め、食《た》べ過《す》ぎないように気《き》をつけよう。

夜《よる》ご飯前《はんまえ》にはおなかぺこぺこ、それがおやつの適量《てきりょう》だよ。

えんぴつしんちゃん～もしもしんのすけが小学生《しょうがくせい》だったら～

夏休《なつやす》み

今日《きょう》は1日《にち》「宿題《しゅくだい》する日《ひ》」に決《き》めたゾ!!
パチパチ
えらいっ!!
ふ～む……
なんか物足《ものた》りないゾ……
カチャカチャ
つづく
つづき
ほおお…!かっこいい!!!
中学生《ちゅうがくせい》の試験《しけん》勉強《べんきょう》みたい!!
モグモグ
ゴクゴク
はらごしらえしゅーりょー!
がんばるゾ!!
グ～…
お腹《なか》いっぱいで眠《ねむ》くなっちゃったわね……

どうしてもやる気《き》が出《で》ないときもある そんなときにはしっかり休養《きゅうよう》しよう

なんだか調子《ちょうし》が出《で》ない。どんなに「やろう」と自分《じぶん》に言《い》ってもやる気《き》が出《で》ない。そんなときは誰《だれ》にでもある。

頭《あたま》でやろうと思《おも》っても、睡眠不足《すいみんぶそく》だったり、かぜのひき始《はじ》めだったりして、回復《かいふく》するために体《からだ》がエネルギーを使《つか》っているとやる気《き》は出《で》てこない。

飲《の》んでいる薬《くすり》の影響《えいきょう》で、がんばろうとしてもやる気《き》が出《で》ないときもある。

自分《じぶん》が好《す》きじゃないこと、やるべきじゃないことにはもともとやる気《き》は出《で》ない。自分《じぶん》の気持《きも》ちがわからず、判断《はんだん》できないときもある。

そんなときはやる気《き》は一時《いちじ》お休《やす》み。無理《むり》をしてやる気《き》を出《だ》そうとせず、しっかり休養《きゅうよう》をとろう。

つらいときに無理《むり》をすれば、体《からだ》も心《こころ》も痛《いた》めてしまう。やろうと思《おも》ってもできないのには、何《なに》か理由《りゆう》があるんだ。

しっかり休養《きゅうよう》をとって、出直《でなお》そう。

休《やす》んだほうが得《とく》

よーし!!
夏休《なつやす》み中《ちゅう》に1作《さく》描《か》き上《あ》げるぞ!!
あれ? 形《かたち》がうまく取《と》れない……
おっかしいな〜……
どうしたのマサオ!?
絵《え》がうまく描《か》けないよ〜〜!!
あら! 熱《ねつ》があるよ!!
体温計《たいおんけい》で測《はか》ってみなさい
え…?
↖つづく

↙つづき
38度《ど》もあるよ!! おとなしく寝《ね》てなさい!
38.0
でも…描《か》かないと夏休《なつやす》みが終《お》わっちゃう
マサオ…熱《ねつ》があるときにいい絵《え》なんか描《か》けないよ!
時間《じかん》のムダ!! わかった?
うん……
3日後《かご》
平熱《へいねつ》になったー!!
よかった! もうだいじょうぶだね
あ! ちゃんと描《か》ける…
何《なん》だったんだろ? アレ
ほらね!

41

うまくできたときは自画自賛《じがじさん》しよう「できた!」をかみしめよう

失敗《しっぱい》しちゃったことはずっと覚《おぼ》えていてくよくよしがち。気持《きも》ちってどうしてもいやなことのほうが残《のこ》りやすい。だから、どんなに小《ちい》さなことでも、「できた」ときのうれしい気持《きも》ちは大事《だいじ》にしっかり味《あじ》わって、絶対《ぜったい》に忘《わす》れないようにしたい。

卓球《たっきゅう》の張本選手《はりもとせんしゅ》は、ポイントをとったとき、大《おお》きな声《こえ》で「チョレイ!」と叫《さけ》ぶ。そんなふうに、卓球《たっきゅう》やテニスの試合《しあい》じゃなくても、どんなことでも、「できた!」「よし!」「やったぜ!」と自分《じぶん》で声《こえ》をあげてみよう。

自分《じぶん》のできたことをノートに書《か》いておいて、読《よ》み返《かえ》すことも効果的《こうかてき》。「できた!」「よくやった!」「最高《さいこう》の出来《でき》!」できたことを自覚《じかく》して、しっかり喜《よろこ》びをかみしめよう。

きみの業績《ぎょうせき》を忘《わす》れないように、くりかえししっかり味《あじ》わおう。

「できた！」の数《かず》だけがんばれる

風間《かざま》くんどうしたの？元気《げんき》ないゾ
昨日塾《きのうじゅく》のテストで失敗《しっぱい》しちゃってさ…
このままじゃ将来《しょうらい》東大《とうだい》に行《い》けない！
ピアノもうまくならなかったし
ボクはダメな子《こ》だあ〜!!
あっそ！ オラはやればできる子《こ》だから何《なに》も心配《しんぱい》ないゾ
おまえはなんでそんなに自信《じしん》があるんだよ？
ざばあ
めそめそ言《い》わなくなったな！
だってオラ最近《さいきん》はシャンプーも平気《へいき》になったんだもーん！
つづく

つづき
そんなこと…？ それで自信《じしん》があるの？
「そんなこと」じゃないゾ!! オラ前《まえ》よりも強《つよ》くなったんだゾ!!
風間《かざま》くんは最近何《さいきんなに》かできるようになった？
え？ できるようになったこと？ え〜と…
ひとりで寝《ね》られるようになったことでしょ…
ひとりでも電車《でんしゃ》にも乗《の》れるようになった…
あと初《はじ》めて外国人《がいこくじん》と英語《えいご》で話《はな》せたこと…
おおー!! やっぱり風間《かざま》くんもやればできる子《こ》!!
パチパチ
そ…そうかな？
ちょっとがんばれる気《き》がしてきた……

42 「〇〇鉄人《てつじん》」「〇〇隊長《たいちょう》」になる！と宣言《せんげん》してみよう

きみのクラスにもいないかな。戦国《せんごく》武将《ぶしょう》のことは何《なん》でも知《し》ってる、戦国時代《せんごくじだい》の鉄人《てつじん》。クラス中《じゅう》を笑《わら》わせるのが得《と》意《い》なお笑《わら》い隊長《たいちょう》。

きみだって、何《なに》かの隊長《たいちょう》や鉄人《てつじん》になってみよう。

自分《じぶん》は料理《りょうり》が得意《とくい》だから、卵焼《たまごや》き作《づく》りの鉄人《てつじん》になろう、と決《き》めたら、もっとうまく作《つく》れるように極《きわ》めてみよう。折《お》り紙《がみ》の鉄人《てつじん》、物《もの》まね隊長《たいちょう》、無駄《むだ》な電気《でんき》を消《け》す電気隊長《でんきたいちょう》……、どんなことでもいい。他人《たにん》とは違《ちが》う、自分《じぶん》だけの得意《とくい》なことを選《えら》んでやってみよう。

鉄人《てつじん》、隊長《たいちょう》になる！　と宣言《せんげん》して、一生懸命《いっしょうけんめい》にやっているうちに、自信《じしん》がつくし、やる気《き》が出《で》てくる。

どんな小《ちい》さなことでも、熱心《ねっしん》に取《と》り組《く》んでみれば、家族《かぞく》やクラスの中《なか》では鉄人《てつじん》になれるし、率先《そっせん》してやれば隊長《たいちょう》になれるよ。

得意《とくい》なことを見《み》つけよう

母《かあ》ちゃん何《なに》編《あ》んでんの？
あんたのセーターよ
おおっ やったー！
たい！ たい！（私《わたし》のも）
ひまにはお兄《にい》ちゃんのお下《さ》がりね
ぶす〜〜っ
……
母《かあ》ちゃん オラも編《あ》み物《もの》やりたい！
そう？ じゃ教《おし》えてあげる
↖つづく
こうしてこうしてこうでしょ……
ほうほう
↖つづき
ひまわりにはオラがマフラー編《あ》んであげる！
へぇ〜！ やさしいのね
数週間後《すうしゅうかんご》
できたー!!
お〜〜！ すばらし〜!!
パチパチ
ほとんどミイラね……
でも気《き》に入《い》ってる
その後《ご》しんちゃんは手芸隊長《しゅげいたいちょう》になりました
コアラ
ヘビ
けむし
ムササビ

43 活動《かつどう》している人《ひと》たちの現場《げんば》を見《み》よう 演劇《えんげき》や美術《びじゅつ》を鑑賞《かんしょう》しよう

スポーツやダンス、楽器《がっき》の習《なら》い事《ごと》をしているのに、本物《ほんもの》を鑑賞《かんしょう》したことがない人《ひと》はいないかな。その道《みち》のプロのプレーは絶対《ぜったい》に観《み》よう。テレビや動画《どうが》でもいい。素《り》晴《ば》らしいプレーを観《み》ると、やる気《き》がめちゃくちゃアップするよ。

とくに、音楽《おんがく》のコンサート、演劇《えんげき》の舞台《ぶたい》は、本物《ほんもの》の生《なま》の舞台《ぶたい》を見《み》るといい。心《こころ》に受《う》ける感動《かんどう》の大《おお》きさが、テレビやインターネットとはスケールが違《ちが》う。

生《なま》の舞台《ぶたい》で受《う》けた感動《かんどう》は、長続《ながつづ》きするし、大《おお》きなやる気《き》のもとになる。

生《なま》で観《み》るのには、お金《かね》がかかることも多《おお》いから、家《いえ》の人《ひと》と相談《そうだん》しなければいけないけれど、できるだけ機会《きかい》を作《つく》れるといいね。

上級生《じょうきゅうせい》の試合《しあい》や発表会《はっぴょうかい》を観《み》るだけでも、とても刺激《しげき》になるよ。

活動《かつどう》している人《ひと》を見《み》てみよう。必《かなら》ず学《まな》ぶことがあるよ。

創作意欲《そうさくいよく》アップ

ネネ明日《あした》お芝居《しばい》観《み》に行《い》こうか！
おもしろいよ
ジャングルはいきている
うん
行《い》く！
ポ〜…
その夜《よる》
お芝居《しばい》の台本《だいほん》書《か》いてるの？
アイデアがわいてきちゃって……
次《つぎ》の日《ひ》
えっ!? 3本《ぼん》も!?
一気《いっき》に
だすきんひめ
やるわよ！
リアルままごと!!

見《み》て学《まな》ぼう

明日《あした》テレビで全日本《ぜんにっぽん》選手権《せんしゅけん》を放送《ほうそう》するから
観《み》てみるとよいぞ
ハイ
ア゛ア゛〜〜ッ!!
キエエ〜〜ッ!!
かっこいい……
次《つぎ》のけいこ
ヤアアッ
キエエッ!!
メーン！
バコーン
ボーちゃん急《きゅう》にうまくなったね
良《よ》い見取《みと》りけいこをしてきたようだな

44

自己《じこ》ベスト更新《こうしん》をめざそう 他人《たにん》ではなく昨日《きのう》の自分《じぶん》とくらべよう

絵《え》を描《か》くことが好《す》きなのに、自分《じぶん》よりちょっとうまい人《ひと》がいると、やる気《き》がなくなってしまう人《ひと》はいないかな？

本当《ほんとう》に好《す》きなことなら、投《な》げ出《だ》しちゃだめだ。人《ひと》とはくらべない。なぜって、きみの比較《ひかく》が正《ただ》しいわけではないから。自分《じぶん》で勝手《かって》に「自分《じぶん》のほうがへた」と思《おも》い込《こ》むのはやめよう。自分《じぶん》の判断《はんだん》が間違《まちが》っていることは多《おお》い。

個性《こせい》は人《ひと》それぞれ。自分《じぶん》の長所《ちょうしょ》を見《み》つけて、その部分《ぶぶん》をじっくり伸《の》ばしていけばいい。

それに、成長《せいちょう》のスピードも人《ひと》によって全然違《ぜんぜんちが》う。小学校時代《しょうがっこうじだい》のできるできないは、あまり判断材料《はんだんざいりょう》にならないんだ。

いいなと心《こころ》から思《おも》える、最高《さいこう》の物《もの》を自分《じぶん》の目指《めざ》す手本《てほん》にしよう。そしたら、もうそれ以外《いがい》とはくらべない。

日々《ひび》、自己《じこ》ベストを更新《こうしん》していこう。

人《ひと》とくらべない

マサオ〜 また絵《え》描《か》いてんのかよ〜
ばら組《ぐみ》のヨシオくんの方《ほう》がうまいぞ！
アハハハハ
うん 知《し》ってるよ ヨシオくんうまいよね
でもボクら目指《めざ》す方向《ほうこう》が違《ちが》うから
くそう… びくともしねえ…

過去《かこ》の自分《じぶん》に勝利《しょうり》

子《こ》ども剣道大会《けんどうたいかい》
メーン!!
パコーーン
ボ…
勝負《しょうぶ》あり
残念《ざんねん》だったね ボーちゃん
え？
負《ま》けたけど 1対《たい》2だった！
ボク初《はじ》めて 1本《ぽん》取《と》った！
おお!! そういえば
やったね ボーちゃん!!
うん やった!! うれしい

45

うまくできないことや失敗《しっぱい》をこわがらない

うまくできなかったときや失敗《しっぱい》してしまったときには、ショックでそのことを忘《わす》れてしまいたくなる。でも、失《しっ》敗《ぱい》は、何《なに》かをきみに教《おし》えてくれているんだ。

どうしてうまくいかなかったのかな。なぜだろう？　考《かんが》えれば必《かなら》ずヒントが見《み》えてくる。失敗《しっぱい》から間《ま》をおかず、すぐ次《つぎ》のチャレンジをしよう。次《つぎ》は別《べつ》なやり方《かた》でやってみよう。必《かなら》ず一歩前進《いっぽぜんしん》できる。

失敗《しっぱい》しなければ、人《ひと》は成長《せいちょう》しない。失敗《しっぱい》は、まだ成功《せいこう》していない、というだけなんだ。

人生《じんせい》は勝《か》ち負《ま》けじゃない。1回勝《かいか》つよりも、10回負《かいま》けて、いろんなことを学《まな》ぼう。そして本物《ほんもの》の力《ちから》を身《み》につけよう。何《なに》かを学《まな》ぶことができる人《ひと》にとっては、失敗《しっぱい》は次《つぎ》のやる気《き》につながる大《たい》切《せつ》なステップになるんだ。

失敗《しっぱい》は成長《せいちょう》のチャンス

漫画賞《まんがしょう》…落選《らくせん》しちゃった…
ガーン
そして1カ月後《げつご》
マサオあてだよ
ああ~原稿《げんこう》が返《かえ》ってきた~…!
あ~あ……
ボクって才能《さいのう》ないのかなぁ……
ガサガサ
ん? この紙《かみ》…? 何《なん》だ
「講評《こうひょう》」だって
↖つづく
↖つづき
「キャラは魅力的《みりょくてき》だが見《み》た目《め》が地味《じみ》 もっとハデに」
「話《ストーリー》が平《へい》たん…舞台《ぶたい》が次《つぎ》つぎ変《か》わりすぎ……」
「キャラは魅力的《みりょくてき》」って書《か》いてある……
全然《ぜんぜん》ダメなわけじゃないんだ!
なるほど……プロの人《ひと》は髪型《かみがた》とか服装《ふくそう》とかよく考《かんが》えてんだな…
次《つぎ》はもっと気《き》をつけよう
図書館《としょかん》で次回作《じかいさく》のヒント探《さが》ししてきまーす
いってらっしゃい

変《か》えられないことではなく変《か》えられることに意識《いしき》を向《む》けよう

人《ひと》とくらべて、自分《じぶん》はついてないと、悲《かな》しく思《おも》うことってある。

生《う》まれついての体格《たいかく》や病気《びょうき》だったり、家《いえ》の生活環境《せいかつかんきょう》だったり……。

でも、自分《じぶん》の力《ちから》ではどうすることもできないことを思《おも》い悩《なや》んでも、何《なん》にもならない。

きみには、変《か》えられることがある。自分《じぶん》の努力《どりょく》で変《か》えられることに意識《いしき》を向《む》けてみよう。

まんがを買《か》ってもらえないから、図《と》書館《しょかん》にあるまんがは全部読破《ぜんぶどくは》しよう。

家《いえ》の事情《じじょう》で塾《じゅく》には行《い》けないけれど、自力《じりき》で学習《がくしゅう》する！　塾《じゅく》に行《い》っている子《こ》には負《ま》けないぞ。

バスケやりたいけど、背《せ》が小《ちい》さいから、世界《せかい》で一番背《いちばんせ》が低《ひく》いプレーヤーを目指《めざ》す！

限定《げんてい》された環境《かんきょう》やコンプレックスは、逆《ぎゃく》に、やる気《き》を燃《も》やす燃料《ねんりょう》になるんだ。

小《ちい》さくても強《つよ》くなれる

カスカベ市《し》
ちびっこ相撲大会《すもうたいかい》
ワイワイ
ガヤガヤ
大《おお》きくて強《つよ》そうな子《こ》ばっかだなあ……
円方《えんほう》ユウヤくん(5)→
ドスドスドスドス
あの子《こ》……! 優勝候補《ゆうしょうこうほ》の高計翔《たかけいしょう》くんだ
ずずず…
!?
!?
オレ様《さま》のけいこのじゃますんなチビ!
そっちこそオラのコアラごっこのおじゃまだゾ
お
ここにいたかしんのすけ! 行《い》くぞ!!
当《あ》たったら覚悟《かくご》しろ!!
ボクぐらい小《ちい》さい子《こ》も出《で》るんだ……
幼児《ようじ》の部《ぶ》 1回戦《かいせん》 東《ひがし》・野原《のはら》しんのすけくん 西《にし》・高計翔《たかけいしょう》くん
相手《あいて》の子《こ》強《つよ》そう〜!
がんばれーしんのすけ
早《はや》くもオレ様《さま》と当《あ》たるとは不運《ふうん》な奴《やつ》よ
や
相手《あいて》がチビでも手抜《てぬ》きはしねえぜ

つづく←

でもオラの母《かあ》ちゃんは手抜《てぬ》き料理《りょうり》ばっかだゾ まいったか
アハハハ
あんにゃろ〜〜!!
なめやがって〜!
ぎろっ
おっと両者《りょうしゃ》土俵上《どひょうじょう》でにらみ合《あ》いだ
ぽ
かん違《ちが》いすんな!!
見合《みあ》って
プイ〜ン
お
ハッケヨイ
ばっ
ばちん
うっ
おっとネコだましだ!
こいつ!こそくな手《て》を…
スキあり!
野原《のはら》くん中《なか》に入《はい》った!
さっ
ごろーん
足取《あしと》りー!! 野原《のはら》くんの勝《か》ち!!
大金星《だいきんぼし》だぞしんのすけ!
高計《たかけい》くんに勝《か》っちゃった!! あの子《こ》体《からだ》の使《つか》い方《かた》がうまい!!
東《ひがし》・円方《えんほう》ユウヤくん 西《にし》・三《み》田《た》希《け》有美《うみ》くん
そうさ 小《ちい》さい方《ほう》が有利《ゆうり》なこともあるんだ! ボクだってスピードなら誰《だれ》にも負《ま》けないぞ

のこったのこった！
くる
くる
円方《えんほう》くん動《うご》き回《まわ》って三田《みた》くんに上手《うわて》を取《と》らせない！
下手投《したてな》げー!!
円方《えんほう》くんの勝《か》ち!!
そして…
東《ひがし》・野原《のはら》しんのすけくん
西《にし》・円方《えんほう》ユウヤくん
幼児《ようじ》の部《ぶ》決勝戦《けっしょうせん》です
がんばれしんのすけー!!
ずざざざざざ
一気《いっき》に寄《よ》り切《き》って円方《えんほう》くんの勝《か》ちー!!
あああ～……
小《ちい》さい子《こ》には弱《よわ》いのね……
準優勝《じゅんゆうしょう》とは驚《おどろ》いたなぁ
よくがんばった！
えっへん!!
野原《のはら》くん！
おお！　さっき優勝《ゆうしょう》した子《こ》！
ありがとう！　ボクこれからもきみみたいにがんばるよ！
お？　よくわかんないけどがんばれば？
おいわいにいいものたべにいこっか～
じゃあポテト！
そのていどでいいのかよ！
それから十数年後《じゅうすうねんご》――円方《えんほう》くんは軽量級《けいりょうきゅう》の世界王者《せかいおうじゃ》になるのでした

47

夢《ゆめ》がない。なりたいものがない どうしたらみつかる？

「将来《しょうらい》の夢《ゆめ》」なんていう作文《さくぶん》の宿題《しゅくだい》が出《で》て困《こま》っている人《ひと》はいない？

立派《りっぱ》な職業名《しょくぎょうめい》を書《か》く必要《ひつよう》なんてない。親戚《しんせき》の〇〇おじさんのように日曜大工《にちようだいく》で何《なん》でも作《つく》っちゃう大人《おとな》になりたい、みたいなことでもいいんだ。

大人《おとな》になったらどんなことをしているイメージ？

たとえば、学校《がっこう》のクラスでは、身体《しんたい》検査《けんさ》などのときに保健《ほけん》の先生《せんせい》のお手伝《てつだ》いをする保健係《ほけんがかり》や、図書係《としょがかり》、花壇《かだん》の世話係《せわがかり》などいろいろな係《かかり》があるけれど、そんな仕事《しごと》の中《なか》でも、「これは私《わたし》にまかせて！」と言《い》えることがあるはず。

学級会《がっきゅうかい》の司会役《しかいやく》がうまくできた。下級生《かきゅうせい》のお世話《せわ》が得意《とくい》などなど、誰《だれ》かにほめられて、自分《じぶん》でも「いいかも！」と思《おも》えたこと、あるよね？

何《なん》となくでいいから、自分《じぶん》の将来《しょうらい》のなりたいイメージ像《ぞう》を作《つく》っていこう！

将来《しょうらい》のイメージ

将来《しょうらい》の夢《ゆめ》はなあに？
まんが家《か》！
アイドル！
石《いし》ハカセ
ボクは社長《しゃちょう》か総理大臣《そうりだいじん》！
しんのすけは？
何《なに》が？
将来《しょうらい》の夢《ゆめ》だよ！
オラの将来《しょうらい》？
よ
↖つづく
ぞーさん ぞーさん
キャー キャー
↖つづき
そうか……大人《おとな》になるとできなくなるのか…
タイホ
ガックリ
今《いま》だってダメだよ!!
その夜《よる》
自由《じゆう》がないから大人《おとな》になりたくないな～
逆《ぎゃく》だろ！ 大人《おとな》の方《ほう》が自由《じゆう》だぞ
ビール
自分《じぶん》の金《かね》でビールが買《か》えるしな!!
あーうめー！
父《とう》ちゃんみたいに楽《たの》しそうな大人《おとな》にならなってみたい！
いい目標《もくひょう》だ
楽《たの》しそうってのは奥《おく》が深《ふか》いんだぜ！

自分《じぶん》のいいところを指摘《してき》してくれる人《ひと》のところに行《い》こう

きみのことを理解《りかい》して、いいところを指摘《してき》してくれる人《ひと》は誰《だれ》？

一生懸命《いっしょうけんめい》やっていることを見《み》ていてくれて、認《みと》めて、ほめてくれる人《ひと》。

前《まえ》はできなかったのに、最近《さいきん》は〇〇ができてるね、ときみが気《き》づかないようなことに気《き》づいてくれる人《ひと》。

そんな人《ひと》がいたら、会《あ》えるときには会《あ》って、自分《じぶん》のやっていることを話《はな》して、応援《おうえん》してもらおう。


遠《とお》くにいる人《ひと》なら、連絡《れんらく》を取《と》って、ときどき成果《せいか》を報告《ほうこく》してみよう。

逆《ぎゃく》に、習《なら》い事《ごと》などで、きみの悪《わる》いところばかりを指摘《してき》する先生《せんせい》もいる。なにくそ、と思《おも》えるならいいけど、やる気《き》をなくしそうになっているなら、別《べつ》の先生《せんせい》につくことを考《かんが》えよう。

世《よ》の中《なか》にはいろんな人《ひと》がいる。できるだけ、きみを応援《おうえん》してくれる人《ひと》、味《み》方《かた》になってくれる人《ひと》の近《ちか》くに行《い》こう。

「ほめてくれる人《ひと》」の話《はなし》を聞《き》こう

運動会《うんどうかい》
ワー
ワー
ワー
ゴール!!
今年《ことし》はビリじゃなかったぞ♪
ママー! 見《み》てた?
トオルちゃんお疲《つか》れさま!
チーターくんは速《はや》いわねぇ
うん…
つづく
つづき
よくやった!!
オラがんばったゾー!!
よう! 風間《かざま》くんもよくやったなぁ!
え?
去年《きょねん》よりスタートがよかったぞ!
よく覚《おぼ》えてますね…
動画《どうが》が残《のこ》ってんだよ
風間《かざま》くん今度《こんど》オラとかけっこの練習《れんしゅう》しよ!
つき合《あ》うぜコツがあるんだ!
……
うん!!

「感謝《かんしゃ》」の気持《きも》ちは心《こころ》を前向《まえむ》きにするきっかけになる

気持《きも》ちが沈《しず》んでやる気《き》が出《で》ないときには、感謝《かんしゃ》したことを思《おも》い出《だ》そう。

昨日《きのう》お母《かあ》さんが作《つく》ってくれたハンバーグ、おいしかった。転《ころ》んだとき、○○さんがすぐに来《き》て心配《しんぱい》してくれた。

自分《じぶん》はいろんな人《ひと》に支《ささ》えてもらっているんだ、ということに気《き》づけたかな。

心《こころ》の中《なか》が感謝《かんしゃ》の気持《きも》ちでいっぱいになってきたら、「どうせぼくなんか」という気持《きも》ちは消《き》えていき、がんばろう、と素直《すなお》に思《おも》えるはず。

思《おも》い出《だ》すだけでなく、感謝《かんしゃ》の気持《きも》ちを伝《つた》えてみよう。相手《あいて》に「あのときありがとう」と言《い》ったり、手紙《てがみ》で感謝《かんしゃ》を記《しる》したりすることは、気持《きも》ちを前向《まえむ》きにするために素晴《すば》らしい効果《こうか》がある。

「ありがとう」をたくさん言《い》う人《ひと》は、あまり言《い》わない人《ひと》にくらべて、ストレスを引《ひ》きずりにくい、という調査結果《ちょうさけっか》もあるんだよ！

感謝《かんしゃ》の気持《きも》ちを思《おも》い出《だ》そう

ガーン
しんさまぁ〜〜♥
わ〜ん
マサオがウンコふんだ〜
きたね〜!
もういやだ〜!!
ボクってホントついてないなぁ…
ハァハァハァ
あっ!! 暑《あつ》いと思《おも》ったら……!
朝《あさ》 ハラマキ脱《ぬ》がないで来《き》ちゃった…
つづく
つづき
買《か》って来《き》たよ! これで寝冷《ねび》えしなくなるよ
うん! ありがと
……
ん〜大《おお》きすぎて入《はい》んな……ん?
何《なに》かポケットに入《はい》ってる?
ボーちゃんがくれたお守《まも》りの石《いし》……
あげる
つらいときはこれを見《み》て
なんかボクって……
周《まわ》りの人《ひと》には恵《めぐ》まれてるなぁ……

50

恋《こい》する気持《きも》ち——やる気《き》のために一番大事《いちばんだいじ》なこと

きみが〝好《す》きで好《す》きでたまらないもの〟は何《なに》？

恋《こ》い焦《こ》がれる気持《きも》ちがあれば、やる気《き》はどんどん出《で》てくる。

大好《だいす》きな人《ひと》がいる。好《す》かれるように、もっとかっこよくなりたい！

バスケットボールの八村選手《はちむらせんしゅ》のプレーに憧《あこが》れている。自分《じぶん》もあんなダンクシュートしたい！

あのバンドの曲《きょく》が好《す》きでたまらない。

絶対《ぜったい》に自分《じぶん》でギターで弾《ひ》いてみたい！

恋《こい》する気持《きも》ちこそ、やる気《き》の原動力《げんどうりょく》になるんだ。

好《す》きなものも好《す》きな人《ひと》もまだ見《み》つからないという人《ひと》も、焦《あせ》らなくていい。

とにかく、本《ほん》、音楽《おんがく》、映画《えいが》、スポーツ、自分《じぶん》が気《き》になる物《もの》をどんどん見《み》よう。そして、外《そと》に出《で》て、たくさんの人《ひと》と出会《であ》おう。

必《かなら》ず、「好《す》き‼」が見《み》つかるよ。

えんぴつしんちゃん〜もしもしんのすけが小学生《しょうがくせい》だったら〜

恋《こい》はやる気《き》のもと

帰《かえ》ったこと気《き》づかれないようにしなきゃ
そ〜…
宿題《しゅくだい》してから出《で》かけなさい
アハハ…そうなんですよ〜〜!
この声《こえ》は…ななこおねいさん!!
た―――
しんちゃんおじゃましてまーす
おや来《き》てたんですか
わざとらしくぞうきんがけしおって……
↖つづく
↖つづき
次《つぎ》の日曜《にちよう》ななこちゃんの大学《だいがく》のお祭《まつ》りなんだって
遊《あそ》びに来《く》る?
おおっ!! 行《い》きますぅ
大学祭当日《だいがくさいとうじつ》
ワイ
ワイ
いも
ワイ
ワイ
いちご 50
その後《ご》
オラななこおねいさんと同《おな》じ大学《だいがく》に行《い》くんだ〜♪
あそこいっぱい勉強《べんきょう》しなきゃ行《い》けないところよ
そだ…! 宿題《しゅくだい》やんなきゃ! 宿題《しゅくだい》……
いそいそ
プッ

キャラクター原作　臼井儀人《うすいよしと》

まんが　高田ミレイ
文　戸塚美奈
構　成　有木舎
デザイン　武田崇廣・内藤人暉（三晃印刷）
編　集　二之宮隆（双葉社）

先生《せんせい》は教《おし》えてくれない！
クレヨンしんちゃんの「やる気《き》」がどんどん出《で》てくる方法《ほうほう》

2020年11月15日　第１刷発行
2024年11月25日　第11刷発行

発行者——島野 浩二

発行所——株式会社双葉社

〒162-8540　東京都新宿区東五軒町3-28
電話03(5261)4818〔営業〕
03(5261)4869〔編集〕
http://www.futabasha.co.jp/
(双葉社の書籍・コミック・ムックが買えます)

印刷所——三晃印刷株式会社

製本所——株式会社若林製本工場

ISBN978-4-575-31585-1　C8076